Hannes Führinger

Al Qanater

Fünf Jahre im Gefängnis
von Kairo

MIX
Papier aus verantwortungsvollen Quellen
FSC® C012536

Gedruckt nach der Richtlinie des
Österreichischen Umweltzeichens
„Druckerzeugnisse“,
Christian Theiss GmbH, Nr. 869

Hannes Führinger: Al Qanater – Fünf Jahre im Gefängnis von Kairo

www.edition-a.at

Cover: Jaehee Lee
Gestaltung: Ka & Jott (www.ka-und-jott.de)

Gedruckt in Europa

Schriften:
Premiéra
HiroshigeSansBlack

ISBN 978-3-99001-201-7

Dieses Buch schildert wahre Begebenheiten. Aus Gründen der Privatsphäre handelnder Personen sowie aus dramaturgischen Überlegungen wurden Namen und zeitliche Abläufe teilweise geändert.

HANNES FÜHRINGER

AL QANATER

Fünf Jahre im Gefängnis von Kairo

edition a

*Für meinen Großvater und meinen Vater,
die mir Kraft gegeben haben, und für Melissa
und Leonie, die mir Lebensfreude schenken.*

Es gibt Geschichten, die erzählen sich von selbst,
in dem Moment, in dem sie vorbei sind.

Lisa

Ich hatte das Gefühl, dass ihm diesmal etwas zustoßen könnte. Auch seine Mutter, die Hannes sonst alles zutraute, fand, dass er besser hier bliebe. »Diesen einen Auftrag noch«, sagte er.

Ich brachte ihn mit meinem Ford Ka zum Wiener Flughafen. Das kleine Auto war ziemlich voll mit dem groß gewachsenen Mann, seinen Waffen und seinem übrigen Gepäck.

Nach fünf Kilometern fiel mir ein, dass ich seinen Reisepass am Küchentisch gesehen hatte. Hannes hatte die Reise bis ins letzte Detail vorbereitet, akribisch, wie er war. Irgendwie hätte es dazu gepasst, wenn er am Ende wegen eines vergessenen Reisepasses nicht fliegen hätte können.

Ich drosselte das Tempo. Ein Gedanke ging mir durch den Kopf. Wie wäre es, wenn ich einfach nichts sagen würde? Dann würden wir weiter zum Flughafen fahren. Dort würde er einen Kollegen treffen, der mit ihm nach Kairo fliegen sollte. Beim Einchecken würde er feststellen, dass sein Pass fehlte. Sein Kollege würde allein fliegen. Alles würde gut sein.

»Warum fährst du so langsam?«, fragte er.

»Hast du deinen Reisepass?«, fragte ich.

1

Lisa fand, dass meine Reise nicht zu unserer Lebensplanung passte. Wir wollten es ruhiger angehen und an unserem halbfertigen Haus weiterbauen. Für mich bedeutete das, sesshafter zu werden. Büroarbeit statt Auslandseinsätze. »Du bist doch erst vergangene Woche aus Saudi-Arabien zurückgekommen«, sagte sie.

Es war früh am Morgen. Wir lagen noch im Bett und ich rieb mir die Augen. »Oman«, sagte ich.

»Wie bitte?«

»Ich war im Oman, nicht in Saudi-Arabien.«

Sie verschränkte die Arme. »Spielt das eine Rolle?«

»Tut es nicht.« Ich bemühte mich, zu lächeln. »Ich bin übermorgen wieder da und dann mache ich die Isolierung fertig. Okay?«

Ich verstand Lisa. Ich hatte es ihr versprochen. Ich würde die Einsatzteams nicht mehr begleiten, sondern nur noch koordinieren. Von daheim aus. Die Organisation machen. Den Bürokram erledigen. Den Überblick über alles bewahren. Sobald wir das Haus meiner Großeltern im Burgenland fertig umgebaut hatten, würden wir aus unserer Wohnung in Wiener Neustadt dorthin ziehen. Ins Grüne. Das war in Ordnung für mich. Es würde ein besseres Leben sein. Ich freute mich darauf, auch wenn Lisa mir das manchmal nicht glaubte.

Wirtschaftlich würde sich das alles ausgehen. Meine Firma war inzwischen den meisten großen Reedereien ein Begriff und lief dementsprechend gut. Die Idee dafür hatte ihren Ursprung auf einer siebzig Quadratkilometer großen Insel im Persischen Golf, im Emirat Abu Dhabi. Im

Auftrag des dortigen Königshauses hatte ich Polizei- und Militäreinheiten ausgebildet. Mein Stil, den ich von meiner früheren Tätigkeit beim österreichischen Bundesheer mitgebracht hatte, fiel einem meiner Kollegen auf, einem Briten. Als ich wieder zurück in Österreich war, rief er mich an. Eine Reederei hatte ihn angeheuert, um einen Lastkahn vor Piraten zu schützen. »Ich brauche einen Profi«, sagte er. »Die Bezahlung ist gut.«

Ich wusste damals nicht genau, was ich beruflich als nächstes machen wollte. Nun lag dieser Vorschlag auf dem Tisch. Piraten. Die Sache hörte sich immerhin spannend an. Ich überlegte nicht mehr lange. »Ich bin dabei«, sagte ich.

Das knapp 180 Meter lange Schiff mit 33.000 Tonnen Tragfähigkeit legte im Hafen von Maskat mit dem Ziel Aden im Jemen ab. Die Fracht war nicht gerade wertvoll. Stahlrollen. »Warum braucht dieses Schiff Schutz?«, fragte ich Edward, meinen neuen Partner.

»Es geht selten um die Fracht, sondern meist um die Crew«, sagte er. Er nickte dem Kapitän des Schiffs zu. »Als Geiseln sind die ein paar Millionen Dollar wert.«

Der Kapitän lächelte unsicher.

Wir waren vier Sicherheitsleute auf dem Schiff. Edward, ich und noch zwei andere, Marko und Ethan, die in ihren Kabinen schliefen, während wir uns auf der Brücke unterhielten. Edward und ich hatten die erste Schicht übernommen. Als ich dort oben an der Reling lehnte und den Hafen immer kleiner werden sah, wurde mir klar, dass ich mich an den Job gewöhnen könnte.

Etwa 180 nautische Meilen südöstlich des Jemen griff Edward nach seinem Funkgerät. »Marko, Ethan, bereitmachen. Wir erreichen die rote Zone.«

Diese Gegend war auf den Karten als gefährlich markiert. Hier häuften sich Piratenangriffe.

Wenige Minuten später standen unsere Kollegen in ihren kugelsicheren Westen neben uns. Wir suchten mit unseren Ferngläsern das Meer ab, jeder den ihm zugeteilten Bereich. Keiner von uns hatte viel Erfahrung mit maritimer Security. Keiner hatte je einen Piratenangriff erlebt. Es herrschte angespannte Stille.

Wir befanden uns noch keine halbe Stunde in der roten Zone, als auf dem Radar kleine Signale auftauchten. »Vier Kilometer Entfernung«, sagte Edward. »Haltet die Augen offen.«

Marko lächelte nervös. »Vielleicht sind es nur Wellenbrecher. Oder Fischer.«

Niemand antwortete.

Die Signale hielten ihre Position. Einige Minuten vergingen. Ich konnte noch nichts am Horizont erkennen. Ich wollte Marko schon zustimmen, als sich alle Punkte gleichzeitig in Bewegung setzten. Sie hielten direkt auf uns zu.

»Keine Wellenbrecher«, sagte Edward und stellte sein Fernglas ab. »Keine Fischer.«

Wir gaben dem Kapitän ein Zeichen. Er drückte auf den Alarmknopf. Sirenen heulten am ganzen Schiff.

Wir folgten dem Plan, den wir uns für diesen Fall zurechtgelegt hatten. Marko brachte alle Mitglieder der Crew, die wir nicht für die Steuerung des Schiffes benötigten, in einen Schutzraum. Dort würden sie selbst dann einigermaßen sicher sein, wenn die Piraten das Schiff kapern würden. Beim Betreten des Raumes mussten sie auf einer Anwesenheitsliste neben ihren Namen unterschreiben.

Die Punkte auf dem Radar wurden schneller. Edward wies den Kapitän an, ebenfalls die Geschwindigkeit zu erhöhen.

»Okay, alle drin«, sagte Marko über Funk.

»Maximum Speed«, sagte Edward.

Der Kapitän schob den Geschwindigkeitsregler bis zum Anschlag nach oben.

Ethan hatte inzwischen unsere Ausrüstung aus einem abgesperrten Lagerraum geholt und vor uns ausgebreitet. Er setzte einen Funkspruch ab, um alle militärischen Schiffe in unserer Nähe zu informieren.

Ich war in unserem Team der Waffenoffizier, also bat ich den Kapitän um Erlaubnis, die Waffenkoffer zu entsperren. Er sah mich irritiert an. »Do what you are here to do«, sagte er.

Die Piratenabwehr war international genau geregelt. Deshalb hielt ich mich ans Protokoll. Der Kapitän und ich schlossen die Waffenkoffer auf und vermerkten die Öffnung schriftlich mit Uhrzeit und Begründung. Danach händigte ich Edward, Marko und Ethan gegen Unterschrift je ein Gewehr samt Munition aus. »Hat jeder seine Weste gesichert und überprüft?«, fragte ich, während ich mir selbst ein Gewehr nahm. Ich sah in die Runde. Alle nickten stumm. »Okay, dann los.«

Marko und ich nahmen links und rechts von der Brücke unsere Abwehrpositionen ein, während Edward auf der Brücke blieb und Ethan im Heck des Schiffs Stellung bezog. Ich kauerte mich hinter die Reling, die mit Stahlplatten verstärkt war.

So warteten wir. Niemand sagte ein Wort. Die Funkgeräte blieben still. Wir wussten nicht, ob sich die Piraten eine Taktik überlegt hatten, oder ob sie einfach auf uns zustürmen würden. Unser Schiff, die nach der Reederei benannte *Warnow Star*, war einigermaßen gut ausgerüstet. Wir hatten Wasserwerfer an Bord und Leuchtkugeln, die wir ebenfalls zur Piratenabwehr einsetzen konnten.

Ich überprüfte noch einmal, ob meine Waffe richtig geladen war. Ich hatte uns mit großkalibrigen Gewehren ausgerüstet, um die kleinen, wendigen Schnellboote der Piraten rasch außer Gefecht setzen zu können. Mit so einer Waffe reichte dafür ein einziger Treffer in den Motor.

Bald tauchten sie am Horizont auf. Ich zurrte meine kugelsichere Weste enger, während ihre Silhouetten größer wurden. Ich konnte schon das Brummen der Motoren hören.

Ich hatte die erlaubte Vorgehensweise im Abwehrfall, die sogenannten *Rules of Engagement,* im Kopf. Jeder Verstoß dagegen war strafbar. Zu dieser Vorgehensweise gehörte es, dass wir nicht als erste das Feuer eröffnen durften. Wenn die Angreifer bewaffnet waren und selbst schossen, durften wir Warnschüsse abgeben, um zu zeigen, dass wir zurückschießen konnten. Wenn sie weiterschossen, durften wir auf die Boote zielen, nicht auf die Piraten selbst. Erst wenn wir alle nicht tödlichen Abwehrmaßnahmen ausgeschöpft hatten und die Piraten weiterschossen, durften wir das Feuer auf sie selbst eröffnen.

Ein Surren übertönte das Brummen der Motoren. Ich hob den Kopf lang genug, um die Raketen auf unser Schiff zukommen zu sehen. »Deckung!«, schrie ich in mein Funkgerät.

Treffer.

Der Aufprall der Rakete riss mich von den Beinen. Meine Kollegen gaben Warnschüsse ab. Ich sah zur Brücke. Sie war unversehrt. Die Rakete war in einen Kran-Ausleger eingeschlagen und hatte dort wenig Schaden angerichtet. Ich stand wieder auf, gab ebenfalls einen Warnschuss ab und lud durch.

Unter lautem Geschrei eröffneten die Piraten das Feuer. Das Rattern ihrer Schnellfeuergewehre zerfetzte die Luft, gefolgt vom metallischen Trommeln der Einschläge auf unserer Bordwand. Ich hörte Edwards Stimme aus dem Funkgerät. »Backbord! Zurückfeuern! Los!«

Er sprintete heran und warf sich neben mich. Auch Marko und Ethan kamen zu uns an die Backbordseite und gingen hinter der verstärkten Reling in Deckung. Edward nickte uns zu. »Jetzt!«

Wir standen auf und feuerten.

Die Durchschlagskraft unserer Gewehre überraschte die Piraten offenbar. Unsere Kugeln rissen Löcher in die Wände ihrer Boote. Ich hörte sie durcheinander schreien. Neben mir dröhnte Edwards Stimme.

»Laden, Feuer!«

Die nächste Salve unserer Gewehre prasselte auf die Schnellboote nieder.

Die Maschinengewehre der Piraten verstummten. Die Motoren ihrer Schnellboote brüllten auf.

Nach wenigen Minuten, in denen wir alle verschwitzt und verstaubt hinter der Reling gekauert waren, klopfte mir Edward auf die Schulter und grinste. »Gut gemacht, Leute. Gut gemacht.«

Der Kapitän streckte zaghaft den Kopf aus der Tür zur Brücke. »Are they gone?«

Edward nickte. »Yes, they are gone.«

In Aden hörten wir, dass die gleichen Piraten drei Stunden später ein anderes Schiff gekapert hatten.

Während ich jetzt die letzten Vorkehrungen für meine bevorstehende Reise nach Suez traf, dachte ich daran, wie ich damals aus Aden kommend am Flughafen in Wien gelandet war. Lisa hatte auf mich gewartet, mit Leonie, ihrer Tochter aus einer früheren Beziehung, die ich liebte wie mein eigenes Kind. Ich hatte auch eine eigene kleine

Tochter, Melissa, doch sie lebte in Tirol. Ihre Mutter und ich hatten uns nicht gerade im Guten getrennt, weshalb ich Melissa selten sah. »Geht es dir gut?«, hatte Lisa bei meiner Heimkehr gefragt. »Bist du verletzt?«

Ich war glücklich gewesen, wieder bei meiner kleinen Familie zu sein. Sie war das Wichtigste für mich und ich wollte uns allen ein schönes, unbeschwertes Leben ermöglichen.

2

Als mir Edward kurz nach unserem Abenteuer im indischen Ozean vorschlug, gemeinsam eine Firma zu gründen, nahm ich deshalb an. Ich war groß, gesund, 31 Jahre alt, gut ausgebildet und nun auch kampferfahren. Das passte offenbar in Edwards Konzept. Ich absolvierte einige ergänzende Ausbildungen in Kampftaktiken am Schiff. Gleichzeitig nutzte ich meine Kontakte aus meiner Zeit beim Militär, um Einsatzteams für die junge Firma aufzubauen.

Der Schaden, der den Reedereien durch Piratenangriffe erwuchs, war beträchtlich. Sie mussten die Schiffe oft monatelang reparieren und in manchen Fällen die Crew komplett ersetzen. Denn wer einmal in der Geiselhaft von Piraten gewesen war, hatte wenig Lust, weiter zur See zu fahren. Dazu kam, dass sich Piratenüberfalle damals häuften, weshalb die Versicherer der Reeder auf bewaffneten Schutz bestanden. Die Reedereien zahlten dementsprechend gut für professionelle maritime Security.

Meine Firma war die erste dieses Metiers im deutschsprachigen Raum, weshalb wir uns erst einen Namen machen mussten. Deshalb strengte ich mich an. Ich bereitete jeden Einsatz bis ins kleinste Detail vor. Reiseplanung. Bewilligungen für den Waffentransport. Ausrüstung. Die Qualität der Ausrüstung war mir besonders wichtig. Manchmal ließ ich Teile davon von meinen ehemaligen Militär-Kollegen testen.

Ich fand heraus, dass in der privaten Sicherheitsbranche kaum Konkurrenzdenken herrscht. Sicherheitsfirmen waren in dem Punkt ziemlich entspannt. Sie unterstützten einander sogar. Sie tauschten ihr Wissen aus und veranstalteten gemeinsam Schulungen. Mir hatte dieses amikale Klima schon beim Militär gefallen.

Bereits kurz nach der Gründung unserer Firma wussten Edward und ich nicht mehr, wo wir das Personal hernehmen sollten. Die Aufträge flogen uns zu. Die Ausrüstungen kauften wir jeweils von den Anzahlungen, die wir von den Reedereien erhielten.

Mein Plan bestand nun darin, meine engsten Mitarbeiter so weit auszubilden, dass sie Einsätze leiten konnten. Doch bis es so weit war, musste ich noch als Koordinator mitkommen. Ich hätte es mir nie verziehen, wenn in meiner Abwesenheit etwas schiefgegangen wäre.

»Nur ein Wort von dir und wir fahren wieder heim«, sagte Lisa, als sie mich dieses Mal zum Flughafen brachte. Sie hatte den Wagen eben geparkt und wir saßen schon eine Weile schweigend da. Obwohl wir wegen meines Reisepasses noch einmal umkehren mussten, hatte ich noch genug Zeit.

Ich starrte aus dem Fenster zum Terminal und beobachtete das geschäftige Treiben und die Reflektion der Sonne auf den Glaswänden. Es fiel mir schwer, Lisa zurückzulassen. »Es ist das letzte Mal«, sagte ich, als sie meine Hand nahm. »Ehrenwort. Das ist der letzte Auftrag, bei dem ich selbst mitfliege.«

Sie zog ihre Hand zurück. »Das hast du bei den letzten beiden Malen auch gesagt.«

Sie hatte recht. Ich wusste nicht, was ich antworten sollte, also schwieg ich. Doch diesmal stimmte es. Dieser Auftrag würde mein letzter sein. In wenigen Tagen würde ich zurück sein, und dann würde alles noch besser werden.

3

Der Auftrag, der mich jetzt zum Port Suez führte, hatte eine Vorgeschichte. Im Oktober 2011 hatte mich eine italienische Reederei kontaktiert. Ihre Betreiber waren verzweifelt gewesen. Piraten hatten eines ihrer Schiffe, die *MV Montecristo*, gekapert und entführt. Die *MV Montecristo* war ein Kombitanker, der normalerweise Öl und Gas transportierte. Zum Zeitpunkt der Entführung hatte das Schiff Alteisen geladen. Doch auch in diesem Fall ging es den Piraten nicht um die Fracht, sondern um das Lösegeld. Sie verlangten zehn Millionen Dollar.

Wegen des auf Schiffen geltenden Hoheitsrechtes des Landes, unter dessen Flagge sie unterwegs sind, sowie aus versicherungstechnischen Gründen ist ein Einsatz militärischer Schiffe in solchen Fällen problematisch. Deshalb beauftragte die Reederei uns mit der Befreiung der *MV Montecristo*.

Edward und ich lasen die Baupläne und alle verfügbaren Informationen über die Crew, die Ladung und den Kurs. Der Massengutfrachter war größer als zum Beispiel die *Warnow Star*. Er maß fast 290 Meter und konnte 180.000 Tonnen laden.

Als wir unser Team beisammen hatten, legten wir ein Datum für den Einsatz fest. Doch wenige Tage vor unserer Abreise konnte die Crew die Steuerung der *MV Montecristo* deaktivieren. Der Tanker lief geradewegs einem *NATO*-Schiff in die Quere. Da Italien *NATO*-Mitglied ist, bekam das Schiff grünes Licht für den Einsatz und befreite den Frachter. In den Zeitungen war dann von einer *Anti Piracy Operation* der *NATO* die Rede.

Unsere Befreiungsaktion war damit hinfällig, doch die Italiener mochten die Art, wie wir an die Sache herangegangen waren. Sie wollten uns für weitere Aufträge buchen. Der erste Einsatz stand nun an.

Das Schiff hieß *Four Smile*. Die noch traumatisierte Crew der *MV Montecristo* sollte die *Four Smile* von Port Suez in Ägypten nach Sri Lanka bringen. Für zusätzlichen Schutz und zur besseren Überwindung der Sprachbarriere sollten auf Wunsch der Reederei auch italienische Sicherheitsleute an Bord sein. Der Einsatz musste professionell und reibungslos verlaufen, schon damit sich die Crew sicher fühlte.

Meine Aufgabe bestand darin, der Crew unser Sicherheitskonzept möglichst überzeugend darzulegen. Ich sollte ihr Vertrauen gewinnen. Das war der Hauptgrund, warum ich nach Ägypten mitflog. Bei der Gelegenheit konnte ich gleich einen neuen Teamleader einschulen. Er hieß Karl und hatte sich über eines der Netzwerke privater Sicherheitsfirmen bei uns gemeldet. Seine Erfahrungen im maritimen Bereich kamen uns gelegen. Als ich am Flughafen Wien Schwechat ein letztes Mal an Lisas Haaren gerochen hatte, machte ich mich auf die Suche nach ihm.

Wir hatten 11 Uhr vereinbart, doch es war erst 10.50 Uhr. Ich ließ mich auf eine Bank sinken. Ich hatte in den vergangenen drei Tagen kaum geschlafen. Drei unserer Teams waren gerade auf hoher See und brauchten Betreuung. Ein Team war angegriffen worden und benötigte Munition, ein anderes durchquerte gerade den indischen Ozean, der im gesamten Bereich zwischen Indien und Afrika als rote Zone markiert ist. Ich musste dabei ständig mit der indischen Botschaft in Wien Kontakt halten. Denn bis zwölf Meilen vor der Küste reicht das Hoheitsgebiet des jeweiligen Landes, und wenn dort Privatpersonen mit Waffen unterwegs sind, kann es immer zu Komplikationen kommen. Außerdem musste ich die nötigen Papiere für Karl besorgen. Er würde bei dem Einsatz auf der *Four Smile* der Waffenoffizier sein.

Im Kopf ging ich noch einmal alles durch. Wir waren gut vorbereitet. Als Bewaffnung für das Team hatte ich wie meist in solchen Fällen vier *Mosin-Nagant*-Gewehre aus russischer Produktion gewählt. Die Waffen waren Baujahr 1938 und hatten ein Magazin mit fünf Schuss.

Bei Auftraggebern und auch bei den Teams selbst stieß meine Waffenwahl regelmäßig auf Verwunderung. Dabei hatte sie pragmatische Gründe. Wir brauchten schweres Kaliber, um die Motorblöcke der Piratenboote zerstören zu können. Da auf hoher See meist Wind wehte, war auch die Treffsicherheit mit schweren Geschossen höher. Zudem mussten die Waffen leicht zu warten sein. Ersatzteile, die wir eventuell benötigten, mussten wir auf einem Schiff selbst herstellen können. Während moderne Gewehre bei jedem Defekt nutzlos werden, kann für die Ersatzteile der alten *Mosin-Nagant*-Gewehre jeder Schlosser oder Schiffsmechaniker sorgen.

Diese alten russischen Gewehre hatten noch einen anderen Vorteil. Sie waren Repetiergewehre. Wer sie benutzte, musste nach jedem Schuss eine neue Patrone aus dem Magazin laden. Das zwang meine Teams dazu, im Ernstfall eine gewisse Feuerdisziplin einzuhalten. Repetieren, anlegen, zielen, schießen. Diese Vorgehensweise reduzierte den Munitionsverschleiß. Was insofern von Bedeutung war, als Fluglinien die Mitnahme von höchstens fünf Kilo Munition genehmigten.

Unsere *Mosin-Nagant*-Gewehre waren nicht mehr im Originalzustand. Ich hatte jedes davon modifiziert. Ich hatte die Läufe gekürzt und gekront, das heißt, ich hatte einen neuen Laufabschluss angebracht, damit der Umbau die Ballistik nicht beeinträchtigte. Außerdem hatte ich eine Schiene für ein Zielfernrohr montiert und eine Spiegelreflex-Optik aufgesetzt. So hatte ich aus ein paar alten russischen Karabinern leicht zu handhabende, effiziente und robuste Jagdgewehre gemacht.

In den Koffern, die ich mit nach Ägypten nahm, befanden sich außerdem je eine kugelsichere Weste für jedes Team-Mitglied, Nachtsichtgeräte, GPS-Ortungsgeräte und eine Kommunikationsausrüstung mit Satellitentelefonen. Wie immer hatte ich die ägyptische Botschaft in Wien über unsere Reise nach Kairo informiert. Waffentransporte sind immer heikel und ich wollte Missverständnissen vorbeugen.

Die Kommunikation mit der Botschaft hatte sich als kompliziert genug erwiesen. Zuerst war meine zuständige Kontaktperson nicht da gewesen, dann hatte ein anderer Mitarbeiter den notwendigen Bescheid für den Waffentransport unterschrieben. Ich hatte, wie es üblich war, der Waffen wegen um einen Transport vom Flughafen Kairo zum Port Suez gebeten, doch bis zuletzt keine Antwort erhalten. Ich war gezwungen gewesen, Lisas Ex-Freund Ralf um Hilfe zu bitten. Ralf, ein Salzburger, hatte aufgrund von Import- und Export-Geschäften gute Kontakte in Kairo. Er hatte sich bereit erklärt, beim ägyptischen Innenministerium zu intervenieren.

Nun sollte alles in Ordnung sein. Doch als ich auf der Bank am Flughafen saß und die Organisation des Einsatzes Revue passieren ließ, bekam ich ein mulmiges Gefühl. Ich hatte auf Ralfs Vermittlung via *Skype* mit einem ägyptischen Polizisten gesprochen, der mir gegen eine Gebühr von 2.500 Euro den sicheren Transport von uns und unseren Waffen zum Port Suez zugesagt hatte. Er trug eine weiße Uniform mit drei goldenen Sternen, also eine Offiziersuniform, und stellte sich als Mohamed Diab vor. Eine Gebühr in dieser Höhe war durchaus üblich und deshalb Teil meiner Kalkulation. Ich hatte bei anderen Einsätzen ähnliche Summen für den Transit bezahlt. Allerdings war die politische Lage in Ägypten instabil.

Das ägyptische Militär hatte seit dem Rücktritt des langjährigen Staatspräsidenten Husni Mubarak elf Monate zuvor die Macht im Land übernommen. Der regierende sogenannte oberste Rat der ägyptischen Streitkräfte bestand aus 18 hochrangigen Offizieren, die sich als politische Machthaber über den Ministern konstituiert hatten. Sie hatten erklärt, Mubarak nur vorübergehend ersetzen zu wollen und demokratische Wahlen angekündigt. Doch von geordneten Verhältnissen in Ägypten konnte noch keine Rede sein. Die Medien berichteten jeden Tag über die Turbulenzen und Konflikte im Land. Ralf hatte mir versichert, dass die Staatsgeschäfte trotzdem normal liefen und dass ich den Behörden trauen könne. Doch ich war mir da nicht so sicher.

Ehe ich mir richtige Sorgen machen konnte, blieb ein untersetzter, etwas korpulenter Mann vor mir stehen. Ich sah auf. Er musste etwa vierzig Jahre alt sein und hatte hellbraune, kurz geschorene Haare. »Hannes Führinger?«, sagte er.

»Ich bin Hannes«, sagte ich. »Du musst Karl sein.«

Wir gaben uns die Hand. Dann deutete ich auf die Waffenkoffer, die sich neben mir auf einem Gepäckwagen stapelten. »Dein Werkzeug«, sagte ich. »Alles stoßfest und aufbruchsicher verpackt.

Karl lachte. »Dann kann ja nichts mehr schief gehen.«

Ich stand auf. Ich war gut und gern einen Kopf größer als er. »Komm, wir melden uns an«, sagte ich.

Ich wusste nach vielen Einsätzen, wo ich den Sonderschalter für Waffentransporte fand. Während der Polizist am Schalter meine Papiere prüfte, musterte ich Karl von der Seite. Er wirkte gelassen. Zumindest hatte ich schon nervösere Neulinge erlebt. »Bitte folgen Sie mir«, sagte der Polizist und öffnete eine Tür hinter dem Schalter.

Wir traten in einen engen Raum. Der Polizist schob unsere Waffen hinein. Er öffnete die Koffer, prüfte die Seriennummer der Waffen, ließ sie durch ein Röntgengerät laufen, kontrollierte, ob sie als Kriegswaffen im Register standen oder als gestohlen gemeldet waren, versperrte und plombierte hinterher die Koffer und brachte auf jedem einen großen Aufkleber an. »Weapons« stand in roter Warnschrift darauf. Jetzt waren die Waffen bereit für den Flug.

»Das funktioniert ja alles wunderbar«, sagte Karl, als wir vom Sonderschalter zum Check-in gingen.

»Ich habe das inzwischen oft genug gemacht«, sagte ich.

»Bei unserer Ankunft in Ägypten läuft das genauso reibungslos?«, fragte er.

Ich nickte. »Der Ablauf ist fast immer und in allen Ländern gleich. Am Rollfeld empfängt uns unsere Kontaktperson von der Polizei und begleitet uns bis zu unserem Zielort am Hafen, natürlich gegen Entgelt. Dort bekommen wir die Waffen.«

Ich versuchte bei unseren Aufträgen, Reisen mit so wenigen Zwischenstopps wie möglich zu planen. Dennoch mussten wir dieses Mal über München nach Kairo fliegen. Kairo war gerade eine nicht eben beliebte Reisedestination, weshalb es kaum Flüge gab.

Obwohl meine Lider immer schwerer wurden, erklärte ich Karl in der Maschine von Wien nach München noch einmal genau seine Aufgaben als Waffenoffizier. »Unsere Teams bestehen immer aus vier Personen«, sagte ich. »Es gibt einen Teamleader, einen Waffenoffizier, einen Sanitäter und einen Allrounder, der auch für die Kommunikation zuständig ist. Wir nehmen bauliche Veränderungen am Schiff vor, wenn es uns notwendig erscheint. Wir richten Schutzräume ein, errichten Abwehranlagen und überarbeiten die Navigation. Es ist zu jeder Zeit einer von euch auf der Brücke, das ist wichtig. Ihr überwacht tagsüber das Radar und sucht zusätzlich den Horizont mit dem Fernglas ab. In der Nacht verwendet ihr die Nachtsicht- und Wärmebildgeräte. Außerdem führt ihr Übungen mit der Crew durch. Dabei geht ihr das Verhalten im Brandfall und bei Schiffbruch durch. Deine spezielle Aufgabe ist die Verwaltung der Waffen. Das Öffnen der Waffenkoffer im Ernstfall erfordert zwei Personen, den Kapitän und dich. Die Koffer haben zwei Schlösser. Den einen Schlüssel verwahrt der Kapitän, den anderen du. Du bist dafür verantwortlich, jedem Teammitglied Waffe und Munition auszuhändigen.«

Karl nickte.

»Denk immer daran, den ganzen schriftlichen Kram zu erledigen, egal wie stressig die Situation gerade scheinen mag«, sagte ich. »In der Regel hast du genug Zeit dafür.«

In München nahmen uns wie geplant am Rollfeld Polizisten in Empfang. Als unsere Ausrüstung kam, brachten sie uns direkt zum Gate unseres Anschlussfluges. Als wir in der Maschine nach Kairo Platz genommen hatten wandte ich mich noch einmal an Karl. »Alles klar soweit?«

»Ich kenne mich aus«, sagte er.

Ich rief Ralf an. Das Klima zwischen ihm und mir war nie richtig entspannt gewesen. Es lag wohl an unseren unterschiedlichen Rollen in Lisas Leben. Als sich Lisa von ihm getrennt hatte, hatten Lisa und ich uns schon gekannt. »Ich wollte nur ein letztes Mal fragen, ob alles in Ordnung ist«, sagte ich.

Ralf räusperte sich. »Es gibt eine kleine Änderung«, sagte er. »Euer Kontaktmann nimmt euch nicht gleich am Rollfeld in Empfang, sondern erst im Ausgangsbereich.«

Das hörte sich für mich nicht gut an, doch ich versuchte, vor Karl meine Verwunderung zu verbergen. »Das ist unüblich«, sagte ich. »Kannst du das bitte noch klären?«

Er seufzte. »Geht in Ordnung.«

Ich war beunruhigt, aber die Müdigkeit übermannte mich, noch bevor das Flugzeug startete.

4

Die unsanfte Landung der Maschine weckte mich aus meinem tiefen Schlaf. »Morgen«, sagte Karl. Er lächelte, doch jetzt wirkte er doch etwas angespannt. Ich nickte ihm zu und gähnte. Wir waren in Kairo.

Die Umstände, unter denen ich den Transport unserer Ausrüstung organisieren musste, waren mir im Grunde von Anfang an suspekt gewesen. Doch mir war nichts anderes übrig geblieben. Meine Firma lief gut, sehr gut sogar. Von einer etwas instabilen Lage in einem Land wie Ägypten wollte ich mich da nicht aufhalten lassen.

Wäre ich alleine unterwegs gewesen, hätte ich mir kaum Sorgen gemacht. Ich konnte gut auf mich aufpassen. Das hatte ich mir in meinem Leben oft genug bewiesen. Bei Einsätzen mit dem Bundesheer in Problemregionen wie dem Kosovo zum Beispiel. Ich war dort einer von 466 Soldaten des österreichischen Bundesheeres gewesen, die zur Aufrechterhaltung der Sicherheit auf Basis der UN-Resolution 1244 aus dem Jahr 1999 unter anderem Überwachungs- und Sicherungsaufgaben übernommen hatte. Ich konnte auch die Risiken von maritimen Einsätzen inzwischen gut einschätzen. Doch für Karl war es der erste Einsatz dieser Art und ich war verantwortlich für ihn. Deshalb übertrug sich seine jetzt spürbare Unruhe auf mich.

»Es ist alles organisiert und abgesprochen«, sagte ich. »Wir haben alle notwendigen Papiere, unsere Ausrüstung ist ordnungsgemäß verstaut und gesichert und wir haben uns angekündigt. Ich bin in diesen Dingen genau. Deswegen hatte ich noch nie Probleme beim Transit, und glaub mir, ich bin schon durch gefährlichere Länder als Ägypten gereist.«

Das schien Karl zumindest ein wenig zu beruhigen.

Das Flugzeug kam zum Stillstand. Wir hatten unsere Parkposition erreicht. Ich sah auf die Uhr. Wir waren im Plan. Es war gegen 16 Uhr und wir hatten genug Zeit für den Transit.

Wir verließen das Flugzeug als letzte. Ralf war es offenbar nicht gelungen, unsere Abholung noch wie üblich für das Rollfeld zu organisieren. Weder Polizeioffizier Mohamed Diab noch seine Leute waren da. Damit hatte ich auch nicht mehr gerechnet. Also fuhren wir mit den wenigen anderen Passagieren im Bus zum Flughafengebäude.

Die internationale Ankunftszone war wie ausgestorben. Im gesamten Ankunftsbereich befanden sich höchstens dreißig Menschen. »Ägyptenurlaub ist wohl derzeit kein Kassenschlager«, sagte Karl.

Ich deutete zur Verkaufsstelle für Visa. Der Mann hinter dem Schalter sah müde aus. Alle in der Ankunftshalle wirkten müde, als hätte ganz Ägypten es aufgegeben, für ankommende Reisende eine schöne Fassade zu schaffen. Wir kauften unsere Visa, ohne dass der Mann ein einziges Wort verlor. Hinterher lehnte er sich in seinem Stuhl zurück und beobachtete uns.

Wir sahen uns um. Weit und breit keine Spur von unserer Kontaktperson. »Warten wir. Wir haben Zeit«, sagte ich zu Karl. Ich hoffte, dass gleich eine Nebentür der Halle aufgehen würde und wir weiter konnten.

Wir gingen in der internationalen Zone auf und ab, doch niemand kam auf uns zu. Ich rief Ralf an, kam aber nicht durch. Seine Nummer war ständig besetzt. Ein einzelner Beamter lehnte mit verschränkten Armen an einer Säule und starrte in die Luft. Er trug eine vergilbte weiße Uniform. Vermutlich war er von der Flughafenpolizei. Auch er beobachtete uns nur gelangweilt.

Fünfzig Minuten vergingen. Obwohl ich unsere Reise mit diversen Puffern geplant hatte, hatten wir nicht den ganzen Tag Zeit. Unser Kunde am Port Suez sollte schließlich nicht auf uns warten müssen. Pünktlichkeit und Zuverlässigkeit waren ein wesentlicher Teil von Edwards und meiner Geschäftsphilosophie.

Karl wollte Wasser kaufen, doch ich hielt ihn zurück. »Wir fragen den Mann da«, sagte ich. »Er macht zwar nicht den Eindruck, aber vielleicht kennt er sich aus.« Ich deutete auf den Uniformierten, der noch immer an seiner Säule lehnte.

»Excuse me, we are waiting for someone from the police, can you help me?«, sagte ich.

Er sah mich verwirrt an. »No english.« Er schüttelte den Kopf.

Mit Händen und Füßen machte ich ihm klar, dass wir auf einen Polizisten warteten, um unseren Transit abzuschließen. Als er verstand, wich endlich die Langeweile aus seinem Gesicht. Er riss die Augen auf. Aufgeregt redete er in arabischer Sprache auf uns ein und deutete uns, ihm zu folgen. Ich war erleichtert. Endlich kam Bewegung in die Sache.

»Also war er doch der Typ«, sagte Karl.

»Mal sehen.«

Wir folgten dem Beamten zu einer unscheinbaren Tür. Er sperrte auf und bat uns hinein. Der Anblick, der sich uns darin bot, vertrieb meine neugewonnene Zuversicht augenblicklich. Das Büro war klein. Es maß wohl nicht mehr als zehn Quadratmeter. Darin waren fünf Männer, alle in zivil gekleidet. Sie hantierten mit allerlei Gerätschaften herum. Mit unseren Gerätschaften.

In der Mitte des Raumes stand ein wackeliger Tisch. Darauf ausgebreitet lag unser gesamtes Gepäck. Unsere Taschen waren zerfetzt und meine Wäsche war im Raum verstreut. Die Waffentransportkoffer lagen aufgebrochen in einer Ecke. Die Gewehre waren zum Glück noch darin. Die Ägypter bestaunten indessen unsere GPS-Geräte und Ferngläser. Sie fotografierten mit einer kleinen Digitalkamera jedes Kleidungs- und Ausrüstungsstück aus jeder Perspektive. Dabei sagte niemand ein Wort.

Karl und ich sahen uns ratlos an. Ich hatte mit vielem gerechnet, aber nicht damit. »Excuse me«, sagte ich. »What are you doing? What the fuck are you doing with my stuff?«

Niemand beachtete mich. Ich konnte schlecht eine Prügelei mit sechs ägyptischen Flughafenpolizisten anfangen. Also nahm ich mein Mobiltelefon. Ich hatte für alle Fälle die Notrufnummer der österreichischen Botschaft eingespeichert. Jetzt wählte ich sie. Eine Frau meldete sich. »Notrufnummer der österreichischen Botschaft, was kann ich für Sie tun?«

»Ich sitze am Flughafen fest«, sagte ich, nachdem ich meinen Namen und den Sinn meiner Reise genannt hatte. »Ich bin am Transit nach Suez. Die zerstören alles.«

Die ägyptischen Beamten nahmen weiter die Sicherheitsausrüstung, die für mein Personal gedacht war, auseinander.

»Wie viel hat Ihr Flugticket gekostet?«, fragte die Frau am anderen Ende der Leitung.

Die Frage brachte mich aus dem Konzept. Ich nahm das Handy vom Ohr und sah auf die Nummer. Doch, das war die Notfallnummer der Österreichischen Botschaft in Kairo. Ich nahm das Handy wieder ans Ohr. »Wie bitte?«, fragte ich.

Die Frau wiederholte seelenruhig ihre Frage. »Wie viel hat Ihr Flugticket gekostet?«

»Das ist doch jetzt völlig egal«, sagte ich. »Ich bin hier am Flughafen und brauche dringend Ihre Hilfe.«

»Sind Sie österreichischer Staatsbürger? Wo sind Sie geboren und wo ist Ihr aktueller Wohnort?«

Während dem Telefonat trafen mich Karls fassungslose Blicke. Ich zwang mich zur Ruhe und beantwortete die Fragen der Frau. »Ja, ich bin österreichischer Staatsbürger, geboren in Österreich. Ich wohne in Wiener Neustadt.«

Die Beamten trugen inzwischen nach und nach unsere Sachen aus dem Zimmer. Als ich mich einem in den Weg stellen wollte, hielt mich der Mann in der vergilbten Uniform zurück und schüttelte den Kopf. Besser nicht, sollte das wohl heißen.

»Wie viel hat Ihr Flugticket gekostet?«, fragte die Frau am Telefon.

»Um Himmels Willen«, sagte ich. »Bitte schicken Sie endlich jemanden vorbei. Die stehlen hier mein ganzes Hab und Gut.«

»Ich werde sehen, was ich tun kann«, sagte die Frau und legte auf.

Inzwischen strömten immer mehr Menschen in das kleine Büro. »Was zum Teufel tun die da?«, fragte Karl.

»Ich habe nicht die geringste Ahnung«, sagte ich. »Aber wenn das so weitergeht, können wir den Auftrag vergessen.«

Fast unsere gesamte Ausrüstung war inzwischen verschwunden. Ein Ägypter probierte gerade die letzte kugelsichere Weste an und verließ damit das Büro.

Nach 15 Minuten wählte ich noch einmal die Nummer der Botschaft. Ich hörte die gleiche Stimme wie bei meinem ersten Anruf. »Notrufnummer der österreichischen ...«

»Wo bleiben Sie? Meine gesamte Ausrüstung ist weg. Wissen Sie wie viele tausend Euro Schaden das bedeutet?«

Noch bevor ich eine Antwort bekam, deutete einer der Ägypter auf mich und schrie dabei herum. Anscheinend war bisher niemandem aufgefallen, dass ich telefonierte. Der Uniformierte riss mir das Handy aus der Hand und gab es einem anderen, der es einsteckte und den Raum verließ. Ich protestierte auf Englisch, aber niemand schenkte mir auch nur die geringste Beachtung.

Nach und nach verließen alle den Raum, bis nur noch der Uniformierte und zwei zivil gekleidete Beamte da waren. Niemand außer Karl und ich schien die Geschehnisse seltsam zu finden. Auf den Gesichtern der Ägypter zeigte sich wieder dieser gelangweilte Ausdruck.

Der Uniformierte deutete uns, auf den aufgebrochenen, inzwischen leeren Waffenkisten Platz zu nehmen. Er selbst setzte sich auf den einzigen Stuhl im Raum, der hinter dem Tisch in der Mitte des Raumes stand. Die beiden anderen Ägypter lehnten sich links und rechts neben der Tür an die Wand und unterhielten sich. Es klang, als würden sie über ihren letzten Urlaub reden.

Ich wollte mich wieder mit Händen, Füßen und englischen Wortbrocken verständigen, doch der Uniformierte reagierte nur mit einer abwiegelnden Geste. »Schhhh«, machte er und schnalzte mit der Zunge. Dann zündete er sich eine Zigarette an und starrte in die Luft.

Karl und ich saßen da und schwiegen. Wir hatten beide seit Längerem nichts getrunken und waren müde. Doch an Einnicken war nicht zu denken. Es mussten jeden Moment Mitarbeiter der österreichischen Botschaft kommen und dieses Missverständnis ausräumen.

Ich bemerkte, wie Karl seinen Kopf in die Hände legte. »Das ist alles ein Irrtum«, sagte ich. »Im schlimmsten Fall müssen wir den Auftrag eben auslassen.«

»Schhhh«, kam es von hinter dem Tisch.

Ich saß da, mit den Armen auf den Knien, auf den Überresten meiner Ausrüstung. Selten hatte ich mich so hilflos gefühlt wie in diesem verdreckten Hinterzimmer am *Maṭār al-Qāhira ad-duwalī,* dem internationalen Flughafen von Kairo.

Nach einer gefühlten Ewigkeit verließ der Uniformierte das Zimmer. Es dauerte, bis er zurückkam. Offenbar hatte er jetzt einen Plan. Er bedeutete uns, aufzustehen. »Go, go«, sagte er.

Er führte uns durch den internationalen Bereich der Ankunftshalle zu einer fünfzig Meter entfernten anderen Tür. Zu dritt betraten wir den Raum. Der sah schon eher wie ein Büro aus. Er war aufgeräumter. An einer Wand hingen Notizen und eine Tafel. In zwei Ecken standen Schreibtische voller Dokumente. Hinter einem Schreibtisch saßen zwei Männer. »Airport police«, sagte einer von ihnen.

Beide Männer trugen schmuddelige Zivilkleidung und machten auch sonst keinen staatstragenden Eindruck. Als ich ihren überheblichen Gesichtsausdruck sah, wurde ich allmählich richtig wütend. Was zum Teufel glaubten diese Verbrecher?

Hinter uns ging die Tür auf und ein älterer Mann trat ein. Eine schmale Krawatte hing lose um seinen fleckigen Hemdkragen. Die wenigen Haare, die er noch am Kopf hatte, glänzten fettig. »Ich bin Ihr Anwalt«, sagte er in gebrochenem Deutsch. Er gab Karl und mir flüchtig die Hand.

»Wunderbar«, sagte ich. »Könnten Sie ...«

Er unterbrach mich. »500 Euro«, sagte er. »Im Voraus bitte.«

Ich verkniff mir einen Wutanfall. In dieser Situation konnte ich mir keinen Fehler leisten. Widerwillig nahm ich fünf Hunderter aus meiner Brieftasche und reichte sie ihm.

»Sehr gut«, sagte er. »Ich treibe jetzt die Papiere für Ihre Weiterreise auf.«

»Was ist mit unserer Ausrüstung?«, fragte ich. »Wissen Sie, wie diese Polizisten uns behandelt haben? Das ist eine Frechheit.«

Er zögerte kurz, dann übersetzte er meine Beschwerde ins Arabische. Die drei Beamten zeigten keine Regung. Einer rümpfte nur die Nase. Er sagte etwas zu unserem angeblichen Anwalt. Der übersetzte es. »Sie brauchen für die Abwicklung der Weiterreise 5.000 Euro«, sagte er.

Meine Geduld neigte sich dem Ende zu. Andererseits war das vielleicht unsere letzte Chance, aus dem Schlamassel einigermaßen glimpflich herauszukommen. Im Oman hatte mich ein Transit samt Eskorte zum Hafen auch schon einmal 3.000 Euro gekostet. 5.000 Euro waren also gerade noch vertretbar.

Ich wollte schon zu meiner Brieftasche greifen, als sich zwischen den beiden angeblichen Flughafenpolizisten hinter dem Tisch eine angeregte Diskussion entspann. »Was besprechen sie?«, fragte ich den Anwalt.

Er zuckte nur mit den Achseln.

Die Diskussion zwischen den Polizisten wurde heftiger.

»Hören Sie«, sagte ich etwas lauter zu dem Anwalt. »Ich habe Sie etwas gefragt.«

»Nun«, sagte er betreten. »Es geht um den Teilungsschlüssel. Einer will 4.000 Euro behalten und dem anderen nur 1.000 Euro geben. Damit ist aber der andere nicht einverstanden. Sie verstehen?« Er zwinkerte mir zu.

»Ich gebe diesen Männern das Geld nicht einfach so«, sagte ich. »Ich brauche eine Zahlungsbestätigung.«

Der Anwalt übersetzte.

Die beiden unterbrachen ihren Streit, um herzlich zu lachen.

»Scheiße«, sagte Karl.

Es ist zwecklos, dachte ich. Wir waren tatsächlich ausgeliefert. Sie würden uns bis auf den letzten Cent ausrauben. Ich wusste, wie korrupt Ägypten war. Eine seriöse Transaktion konnte ich vergessen. Wie konnte ich uns aus dieser Zwangslage befreien? Wir brauchten unbedingt Hilfe.

Ich konnte mich nicht richtig konzentrieren, weil ich dringend aufs Klo musste. Ich bat Karl um eines seiner beiden Telefone und steckte es ein. Einer der Polizisten führte mich in eine Kammer neben dem Büro. Sie war leer bis auf einen Eimer in der Mitte. Er quoll von Kot und Urin über. Der ganze Raum stank furchtbar. Als ich die Tür hinter mir geschlossen hatte, rief ich wieder die Botschaft an. Diesmal ließ ich die Frau nicht zu Wort kommen. »Wo zur Hölle bleiben Sie so lange?«

Sie erkannte offenbar meine Stimmte. »Beruhigen Sie sich bitte«, sagte sie. »Es kann Ihnen nichts passieren. Wir sind unterwegs.«

Das konnte nicht wahr sein. Ich legte frustriert auf und erleichterte mich über dem stinkenden Eimer, wobei ich darauf achtete, nichts zu berühren. Der Polizist führte mich ins Büro zurück.

Karl saß mittlerweile am Boden. Ich setzte mich neben ihn und lehnte mich wie er an die Wand. »Wo ist der Anwalt?«, fragte ich ihn.

»Abgehauen«, sagte Karl.

Der Anwalt hatte wenigstens Deutsch gesprochen. Nun waren Karl und ich wieder in einem Raum, den wir nicht verlassen durften, mit Menschen, die kein Wort von dem verstanden, was wir sagten. Ich rieb mir die Schläfen. Die Sache fühlte sich allmählich wie ein böser Traum an.

Die Müdigkeit machte mir wieder zu schaffen. Der Flug von München nach Kairo hatte mir nicht gereicht, um nach 72 Stunden fast durchgehender Arbeit wieder fit zu werden. Mein Zeitgefühl ließ mich allmählich im Stich. Irgendwann erhob sich einer der Polizisten ohne ersichtlichen Grund und winkte uns zu sich. »Let's go«, sagte er.

Karl und ich folgten ihm. Er führte uns aus dem internationalen Bereich in die Zollzone. Wir gingen ohne Kontrolle durch die Sicherheitsschleuse und durchquerten die Empfangshalle. Schließlich blieb der Mann vor einem *Western-Union*-Stand stehen. Er zeigte mit dem Finger auf das Logo. »Money, money«, sagte er.

Abgesehen davon, dass ich diesem Betrüger keinen Cent geben wollte, hatte er offenbar etwas missverstanden. Wir standen vor einer Wechselstube, nicht vor einer Bank. Ich schüttelte den Kopf. »No money«, sagte ich.

Der Polizist wurde ungehalten. Er schimpfte auf Arabisch und gestikulierte. Karl und ich blieben stumm stehen. Nach einigen Minuten gab er auf und winkte uns weiter. Die Menschen um uns schienen sich nicht dafür zu interessieren, was mit uns passierte. Weder dem Flughafenpersonal noch den wenigen Reisenden schien aufzufallen, dass hier etwas falsch lief.

Wir folgten dem Polizisten hinaus aus der Halle ins Freie. Vor der Tür stand ein Pickup Truck, der einmal blau gewesen sein musste. Das Auto musste mindestens zwanzig Jahre alt sein. Der Polizist führte uns zur offenen Ladefläche und bedeutete uns, aufzusteigen.

Oben saß ein weiterer Mann, der zu meiner Überraschung wenigstens Englisch sprach. »Hallo, Airport Police«, sagte er. Er gab mir die Hand. »I bring you to Port Suez. Your Equipment will follow.«

Ich konnte es kaum fassen. Karl atmete hörbar auf. Wir fuhren los.

Bei einem Checkpoint der Polizei hielt der Truck. Der Fahrer stieg aus und lief hinein. Der Checkpoint sah aus wie eine Ruine. Ein verfallenes Haus. Nach einer halben Stunde kam der Fahrer zurück und wir fuhren weiter.

Der Polizist, der mit uns auf der Ladefläche saß, trug eine verspiegelte Sonnenbrille und kaute Kaugummi. Er saß entspannt da und genoss offenbar die Sonne. Jeden meiner Versuche, mehr zu erfahren, blockte er ab. »I don't know«, sagte er. Das wiederholte er jedes Mal. »I don't know.«

Immerhin hatte er uns mitgeteilt, dass ab jetzt alles planmäßig verlaufen würde. Also stellte ich meine Versuche ein und schwieg. Wir fuhren von Checkpoint zu Checkpoint, ohne dass jemand mit uns redete. Nach dem dritten Checkpoint fiel mir auf, dass wir die ganze Zeit in der näheren Umgebung des Flughafens blieben und dass keiner der ägyptischen Beamten bewaffnet war. Die Situation war absurd.

Während wir herumfuhren, fing es zu dämmern an. Wir waren inzwischen auch längere Strecken kreuz und quer gefahren, befanden uns aber noch immer in unmittelbarer Nähe des Flughafens. Nun erreichten wir eine Polizeistation, die größer war als die Checkpoints. Das Haus hatte vier oder fünf Stockwerke. Es war heruntergekommen und teilweise sogar ausgebrannt, aber im Gegensatz zu den anderen eindeutig als Polizeistation zu erkennen. »Come«, sagte unser Aufpasser und sprang von der Ladefläche.

Wir gelangten in ein Büro. Überall lagen Zettel und Mist am Boden, die Regale hingegen waren fast leer. Einige

Polizisten lungerten herum. Keiner von ihnen schien etwas zu tun zu haben. Keiner von ihnen sprach mit uns. Dafür griff einer von hinten nach meinen Handgelenken. Er wollte mich offenbar fesseln. Ich riss meine Hände weg. Das war mir nun wirklich zu viel. Ich schrie ihn an. »Are you fucking crazy?«

Der Mann sah mich erschrocken an und verließ kommentarlos das Büro.

»Wo sind wir hier?«, fragte Karl. »Ist das ein auch nur im Ansatz funktionierender Staat?«

Ich benützte noch einmal eines seiner Telefone. »Die haben uns die ganze Zeit im Kreis herumgefahren, nachdem sie uns gesagt haben, dass jetzt alles in Ordnung ist«, erklärte ich der Frau in der österreichischen Botschaft.

»Das tut mir leid«, sagte sie. »Wir waren am Flughafen. Sie waren nicht da.«

Ich bekam Lust, das Handy an die Wand zu schleudern. »Wissen Sie, warum wir nicht da waren? Weil die uns eben den ganzen Tag im Kreis herumgefahren haben«, sagte ich.

Ich versuchte, mich zu beruhigen. »Hören Sie, wir sind jetzt in einer Polizeistation, die keine 300 Meter vom Flughafen entfernt ist«, sagte ich. »Das Gebäude ist halb ausgebrannt und vier bis fünf Stockwerke hoch. Ich kann den Flughafen vom Fenster aus sehen. Helfen Sie uns endlich, verdammt.«

»Okay«, sagte sie. »Wir sind gleich da.« Sie legte auf.

Ich wollte Karl das Handy zurückgeben, als mir Ralf einfiel. Ich wählte seine Nummer. Diesmal kam ich durch. »Hannes hier. Was zum Teufel ist hier los? Meine ganze Ausrüstung ist gestohlen, ich werde festgehalten und betrogen.«

Ralf lachte ins Telefon. »Weißt du Hannes, es ist schon alles so, wie es gehört«, sagte er.

»Was …?«

Er legte auf.

Hatte er mich absichtlich auflaufen lassen? Als kleine Rache, wofür auch immer? Was für ein Mistkerl. Ich konnte nichts dafür, dass Lisa mit ihm nicht mehr glücklich gewesen war.

Die Polizisten, die mit uns im Raum waren, hatten mein Gespräch mit völliger Gleichgültigkeit beobachtet. Ich hatte den Eindruck, Karl und ich hätten einfach hinausspazieren können, und niemand hätte uns aufgehalten. Da schwang die Tür auf. Ein groß gewachsener Mann betrat den Raum und bellte auf Arabisch Befehle.

Daraufhin drängten die Polizisten Karl und mich durch eine Tür an der Rückseite des Büros in eine Kammer. Sie stießen uns hinein und sperrten hinter uns ab. Hier stank es genauso wie in der »Toilette« im Flughafengebäude. Der Boden war mit Fäkalien verschmiert. Die stickige Kammer war vollkommen leer. Es war acht Uhr abends.

Ich wollte etwas Aufmunterndes zu Karl sagen, aber mir fiel nichts ein. Wir harrten still aus. Ich musste mich beherrschen, um nicht mit der Faust auf die Tür einzuschlagen. »Sie kommen bestimmt«, sagte ich erschöpft.

»Wer?«

»Die von der Botschaft.«

Karl murmelte etwas Unverständliches.

Ich glaubte selbst nicht mehr daran.

Irgendwann, als es draußen schon wieder hell geworden war, öffnete sich die Tür. Der groß gewachsene Mann trat ein. »There has been a delay«, sagte er. »We bring you to Port Suez now.«

Er führte uns aus dem Gebäude und wieder zu einem Auto. Ich hatte nicht mehr genug Energie, um auf Details zu achten. Alles, was ich wollte, war heim. Der Auftrag war gelaufen, die Ausrüstung mit Sicherheit verloren.

Nach zwei Stunden Fahrt erreichten wir ein unscheinbares Gebäude. Der groß gewachsene Polizist meinte, hier wäre ein Staatsanwalt, der unsere Papiere ausstellen würde.

Der Staatsanwalt hieß Ahmed El Mouhandes und schien uns nicht viel mehr Bedeutung beizumessen als den Fliegen im Zimmer.

»Wo sind unsere Papiere?«, sagte ich.

Er antwortete halb englisch, halb deutsch. So lange die österreichische Botschaft nicht da sei, könne er nichts machen, sagte er.

Also rief ich neuerlich bei der Botschaft an. »Wir sind mittlerweile bei einem Staatsanwalt, der angeblich Papiere für unsere Weiterreise ausstellen wird«, sagte ich. »Wo sind Sie?«

Ein junger Mann war jetzt am Notfalltelefon. »Hannes Führinger?«

»Genau. Wir waren die ganze Nacht in einer Zelle voller Scheiße. Wie lange muss ich noch auf Sie warten?«

Er räusperte sich. »Herr Führinger, es ist so, wir hatten leider kein Auto zur Verfügung. Wir beeilen uns.«

Ich wollte etwas sagen, ihn beschimpfen, ihm drohen. Stattdessen beschrieb ich ihm so detailliert wie möglich unseren aktuellen Aufenthaltsort und legte dann einfach auf. »Bitte ruf die deutsche Botschaft an«, sagte ich zu Karl. »Vielleicht tun die etwas.«

Ich gab ihm das Telefon. Karl telefonierte einige Minuten und berichtete mir hinterher. Die Diplomaten in der deutschen Botschaft hatten sich schockiert gezeigt. Lisa hatte sich dort bereits am Vorabend gemeldet, nachdem sie nichts mehr von mir gehört hatte. Die Deutschen hatten daraufhin mit den Österreichern Kontakt aufgenommen. Die Österreicher hatten ihnen zugesichert, sich um alles zu kümmern.

»Scheiße«, sagte ich zu Karl. »Die Österreicher sind völlig unfähig.«

Der Staatsanwalt sah uns misstrauisch an. Wir warteten und warteten. Es wurde immer später. Niemand kam. Gegen 19 Uhr redete der Staatsanwalt wieder mit uns. »Wir können nicht mehr davon ausgehen, dass Sie die Unterstützung der österreichischen Botschaft haben«, sagte er in gebrochenem Deutsch.

Karl und ich sahen ihn an. Er redete weiter. Er sagte noch einen kurzen Satz. »You are under arrest.«

»Was redet der da?«, fragte Karl.

Der Staatsanwalt holte Luft. »Sie verhaftet«, sagte er.

Lisa

Obwohl wir wegen seines Reisepasses noch einmal umkehren mussten, waren wir zu früh am Flughafen. Ich verabschiedete mich unter Tränen von ihm.

»Auch wenn du mir nicht glaubst«, sagte er. »Diesmal ist es wirklich das letzte Mal.«

Doch darum ging es nicht. Ich hatte Angst.

Um mich abzulenken, rief ich auf der Rückfahrt einige Freundinnen an. Wir vereinbarten einen Frauenabend. Meine Tochter Leonie sollte auch mitkommen.

Als ich zu dem Treffen aufbrach, schrieb ich Hannes, er solle mir Bescheid geben, sobald er angekommen war. Wenig später bekam ich eine SMS von ihm. »Wir sind in Kairo gelandet«, schrieb er.»Alles in Ordnung.«

Das beruhigte mich nicht. Es war klar, dass bis zur Landung in Kairo alles glatt gehen würde. Die Schwierigkeiten begannen erst jetzt. Mit Waffen in einem Land zu reisen, das sich in einem derartigen Chaos wie Ägypten befand, konnte keine gute Idee sein. Doch ich verstand nicht viel von internationaler Politik und Staatsbürokratie. Ich schrieb ihm zurück. »Melde dich bitte noch einmal, wenn du durch den Zoll bist.«

Die Stunden vergingen ohne weitere Nachricht von Hannes. Ich konnte ihn auch nicht erreichen. Ich rief ein Mitglied des Einsatzteams an. Die Männer warteten am Hafen von Suez auf ihn und meinten, dass sie ihn ebenfalls nicht erreichen könnten. Sie hatten ein paar dringende organisatorische Fragen, die ich nicht beantworten konnte. Ich hatte von diesen Dingen keine Ahnung.

Ich schrieb Ralf, meinem Ex-Freund, eine SMS. Ich könne Hannes nicht erreichen. Da stimme etwas nicht. Er solle sich bitte darum kümmern. Keine Antwort. Ich rief einen Anwalt an, den ich kannte. »Was soll ich tun?«, fragte ich ihn.

»Ich an deiner Stelle würde die österreichische Botschaft in Kairo anrufen«, sagte er. »Wenn etwas passiert ist, müssen die sich einschalten. Die haben am ehesten die Möglichkeiten dazu. Du kannst auch die deutsche Botschaft in Kairo anrufen. Wenn er mit einem Deutschen unterwegs ist, sind die ebenfalls zuständig.«

Die Reaktion der österreichischen Botschaft war nicht gerade beruhigend. »Wenn Ihr Mann durch ein Land, das so instabil ist wie derzeit Ägypten, Waffen transportiert, darf er sich nicht wundern, wenn etwas schiefgeht.«

Da hatte die Frau am Telefon bestimmt recht. Bloß half mir das jetzt nicht. Wo war er?

5

Eine seltsame Willenlosigkeit ergriff Besitz von Karl und mir. Sie nährte sich aus der Einsicht, dass gegen diese, von jeglichen rechtsstaatlichen Normen offenbar freie Ägypter nichts auszurichten war, aus dem Gefühl, dass wir in einer Falle saßen, in die uns jede Bewegung nur noch tiefer hinein führte und aus der dumpfen Hoffnung, dass die österreichische Botschaft doch noch auftauchen und dem Zauber ein Ende bereiten würde. Als wir in Polizeibegleitung aus dem Gebäude traten und einen Pickup Truck vor der Tür stehen sahen, stiegen wir einfach auf, ohne dass uns jemand dazu aufgefordert hatte. Dabei dämmerte mir allmählich, dass es dauern könnte, bis wir wieder nach Hause fliegen würden.

Ich bat Karl abermals um sein Telefon. Der Polizist, der uns begleitete, warf mir misstrauische Blicke zu, als ich eine Nummer eingab. Während die dreckigen Straßen Kairos mit ihren Sandsteinbauten und den Luxushotels neben den Bruchbuden an uns vorüberzogen, lauschte ich dem Freizeichen. Ich freute mich darauf, Lisas Stimme zu hören, doch es war auch schwer. Ich hatte keine guten Nachrichten für sie. Ich hätte auf sie hören sollen, dachte ich. Sie war so vehement gegen diese Reise gewesen. Als hätte sie gewusst, dass so etwas passieren könnte.

»Hallo?«

Ihre Stimme klang erschöpft. Was sollte ich ihr sagen? Wie sollte ich es ihr sagen?

»Wer ist da?«

Ich versuchte, das Handy mit der Hand vom Straßenlärm abzuschirmen. »Ich bin es«, sagte ich.

Jetzt klang auch die Wut der Verzweiflung in ihrer Stimme mit. »Du wolltest dich doch melden, sobald du kannst«, sagte sie.

Ich hatte ein Gefühl, als würde mein Herz einen Moment lang stillstehen. Doch dann gewann mein Überlebensinstinkt wieder die Oberhand. »Hör jetzt bitte gut zu, denn ich habe nicht viel Zeit«, sagte ich. »Die ägyptische Polizei hat uns aufgehalten und ausgeraubt. Unsere gesamte Ausrüstung ist weg. Bitte ruf im Außenministerium an. Sag denen, dass wir einen Anwalt brauchen, und zwar schnell.«

Der Polizist sah aus, als würde er gleich etwas unternehmen. Am Handy hörte ich Lisa weinen. »Ich habe keine Ahnung, was diese Leute mit uns vorhaben«, sagte ich. »Bitte beeil dich mit dem Anwalt. Er soll sich bei der österreichischen Botschaft in Kairo melden. Ich werde versuchen, die Botschaft laufend zu informieren. Ich rufe dich so bald wie möglich wieder an.«

Ich steckte das Handy rasch ein. Der Polizist bedeutete mir, es ihm auszuhändigen. Ich schüttelte den Kopf. Er schien zu überlegen, dann lehnte er sich wieder zurück.

Wir fuhren etwa eine Stunde lang durch Kairo, bis wir vor einem wuchtigen Tor in einer meterhohen Mauer mit Stacheldraht oben drauf hielten. Davor standen zwei Panzer zwischen einigen Leitschienen aus Beton.

»Stecken die uns wirklich ins Gefängnis?«, fragte Karl.

Ich antwortete nicht, doch ich ahnte, wo wir uns befanden. Das musste die Pforte zum *Tora*-Gefängnis sein, einer Art Gefängnisstadt innerhalb Kairos mit mehreren Gefängnissen für unterschiedliche Kategorien von Häftlingen.

Das Tor öffnete sich und wir fuhren in den weitläufigen Hof des Komplexes. Dort mussten wir von der Ladefläche steigen. Ich ging automatisch auf die erste Tür zu, doch der

Polizist packte mich am Arm. Er zeigte auf einen gepanzerten Mannschaftstransporter auf der anderen Seite des Hofs. Wir waren offenbar noch nicht am Ziel.

Wortlos ging ich zu dem Wagen und stieg ein. Karl folgte mir. Der Polizist schloss von außen die Ladetüren und blieb zurück, als der Wagen losfuhr. Durch ein kleines vergittertes Fenster konnten wir hinaussehen. Wir passierten ein zweites Tor an der Rückseite des Innenhofes. Felder zogen an uns vorbei. Dazwischen lag Einöde, bestehend aus trockenem Gras, harter Erde, windschiefen Schuppen und Müll. Die Bilder verschwammen vor meinen Augen. Ich bemerkte, wie durstig ich war. Mein Mund war so trocken wie das Gras da draußen.

Nach längerer Fahrt hielt der Transporter. Jemand riss die Ladetür auf. Die Sonne blendete mich, als wir aus dem Fahrzeug stiegen. Als sich meine Augen wieder an die Helligkeit gewöhnt hatten, sah ich mich um. Wir befanden uns in einem kleinen verfliesten Innenhof zwischen fensterlosen Steinhäuschen, in denen Beamte ein und aus gingen.

Der Fahrer des Transporters war inzwischen ebenfalls ausgestiegen. Er musterte mich von Kopf bis Fuß. Dann klopfte er mir auf die Schulter und deutete auf das größte der Steinhäuser. »Ambra Azsah«, sagte er wie ein Busfahrer, der den Fahrgästen den Namen der Station nennt. Er ging zurück zum Auto und lehnte sich an die Tür. *Ambra Azsah*, so hieß offenbar dieser Teil des *Tora*-Gefängnisses.

Wenig später standen wir in einem Büro, in dem ein Beamter einen zweiten Mann, offenbar einen Häftling, am Arm festhielt. »Hello, I speak english«, sagte der Häftling. »I am here to translate.«

Ich sah den Mann genauer an. Er hatte tiefe Ringe unter den Augen. Grob zusammengenähte Lumpen verhüllten kaum seinen dürren Körper und er war im ganzen Raum zu riechen. Ich sah zu Karl. Wir konnten hier auf keinen Fall bleiben.

Der Beamte gab dem abgemagerten Häftling einen Stoß, worauf der weiterredete, wie ein Automat mit einem Wackelkontakt. »You are not going to stay here long«, sagte er. »You have to go to the attorney.«

Wir sollten zum Staatsanwalt? Wir kamen doch eben vom Staatsanwalt. Er hatte uns hierher geschickt. Ich kannte mich allerdings mit dem ägyptischen Justizapparat nicht genau genug aus, um zu wissen, welche Funktionen es vorsah. »Attorney« war auch ein dehnbarer Begriff, zumal, wenn ihn ein Mann verwendete, der Englisch nur radebrechte.

Bevor ich eine Frage stellen konnte, schickte der Beamte den Häftling aus dem Büro und führte uns zurück zu dem Transporter, mit dem wir gekommen waren. Widerstandslos kletterten wir durch die Ladeklappe wieder hinein.

Lisa

Drei Tage vergingen, nachdem mich Hannes vom Flughafen aus angerufen hatte. Zwei Mal insgesamt. Jetzt hörte ich wieder nichts von ihm und er war nicht erreichbar. Die Mitarbeiter der Botschaft in Kairo waren freundlich, aber sie wussten auch nichts über seinen Verbleib.

Sie versuchten, mich zu beruhigen. Doch mir gingen ständig diese quälenden Fragen durch den Kopf. Was machten sie mit ihm? Wo hielten sie ihn fest? Folterten sie ihn womöglich?

Ich hatte inzwischen einen Anwalt gefunden. Das war nicht einfach gewesen, denn die Botschaft hatte abgewunken, als ich nach einer Empfehlung gefragt hatte. Sie wolle keine Werbung machen, hieß es. Sie stellte mir bloß ein Register mit den Namen von Anwälten zusammen, mit der sie schon einmal Kontakt hatte. Ob die kompetent oder nicht und billig oder teuer waren, sagte mir niemand. Ich konnte nur hoffen, eine gute Wahl zu treffen.

Ich wollte noch mehr tun, aber ich wusste nicht, was. Es überforderte mich, einfach nur warten zu können. Wenn Hannes sich bis zum Abend nicht meldet, fliege ich hin, dachte ich.

Gleichzeitig gelang es mir immer schwerer, eine Einsicht zu verdrängen. Eine, die sich mir genauso aufdrängte wie mein Gefühl am Anfang, dass er diesen Auftrag besser ausließ. Doch irgendwann ergab ich mich ihr. Ich wusste, dass Hannes eine lange Zeit nicht zurückkommen würde. Eine sehr lange Zeit.

6

Dieses Herumfahren hatte etwas Sinnloses. Es schien weniger um das Erreichen von Zielen zu gehen, als um das Herumfahren selbst. Diesmal fuhren wir etwa eine Stunde lang. Alles verschwamm vor meinen Augen zu einem Nebel. Die endlosen Fahrten, die ausdruckslosen Gesichter immer neuer ägyptischer Beamter, dazwischen nichts als Einöde. Ich war erschöpft und durstig. Schließlich fanden wir uns in einem Gang im 5. Stock eines großen Gebäudes wieder.

Es sah anders aus als die, die Karl und ich bisher kennengelernt hatten. Der Gang war mit Marmor ausgekleidet. Prächtige Gemälde hingen an den Wänden und Luster von den Decken. Wieder mussten wir warten. Ich sah, dass Karl langsam die Hoffnung verlor. »Karl«, sagte ich, »ich ...«

Er winkte ab. Er hatte offenbar an meinem Tonfall erkannt, was ich sagen wollte. Doch wie absurd unsere Odyssee auch war, dies war nicht der richtige Zeitpunkt für die Klärung der Frage, wer sie verschuldet hatte. Wir brauchten unsere Energie, um durchzuhalten.

Ich lehnte mich an die Marmorwand des Ganges. Die Müdigkeit machte mir immer schwerer zu schaffen. Ich konnte mich kaum noch konzentrieren. Ich war es gewöhnt, längere Zeit ohne Schlaf auszukommen, doch jetzt kamen der Durst dazu und die Hoffnungslosigkeit dieser kafkaesken Situation.

Eine Tür ging auf. Ein Mann, etwa Mitte dreißig, trat zu uns heraus. Er war Europäer. Sportlich. Gepflegt. Gut ausgeschlafen. Darum beneidete ich ihn am meisten. Er kam direkt auf Karl und mich zu. Streckte mir die Hand entgegen. »Hannes Führinger?«

Er hieß Peter Schönburg, und obwohl er auf den ersten Blick als Diplomat der österreichischen Botschaft zu erkennen war, hatte ich nicht das Gefühl, dass jetzt alles besser werden würde. Warum eigentlich nicht? Ich wusste es nicht.

Während ich ihm die Hand gab, sah ich hinter ihm zwei ägyptische Beamte auf den Gang treten. »Sie müssen uns helfen«, sagte ich rasch. »Was die hier mit uns abziehen, spottet jeder Beschreibung.«

Die beiden ägyptischen Beamten stellten sich zwischen uns und redeten auf Arabisch auf Schönburg ein. Er diskutierte mit ihnen, dann sah er mich bedauernd an. »Ich darf nicht mit Ihnen sprechen«, sagte er. Er drehte sich um und verschwand wieder in dem Büro, aus dem er gekommen war.

Karl und ich blieben zurück. Was wir erlebten, hatte sich bisher wie ein düsterer Traum angefühlt. Jetzt war es, als würden wir daraus erwachen, in eine Wirklichkeit, die noch düsterer war. Was geschah hier? Wir hatten uns nichts zuschulden kommen lassen. Wir wollten bloß ordnungsgemäß angemeldete, kontrollierte, verpackte und versiegelte Waffen vom Flughafen zum Schiff bringen, im Rahmen des dafür von Amts wegen vorgesehenen Prozederes. Warum behandelten die uns wie Verbrecher? Weil ein eifersüchtiger Exfreund Lisas sie gegen uns aufgehetzt hatte? Das konnte nicht alles sein. Ralf wollte uns vielleicht einen Streich spielen, aber damit konnte er nicht gerechnet haben. Die Sache schien eine verhängnisvolle Eigendynamik entwickelt zu haben.

Die Beamten winkten uns zu einer doppelflügigen Tür am Ende des Ganges. Sie war aus schwerem Holz und mit goldenen Ornamenten verziert. Der Raum dahinter, in den uns die Beamten schoben, sah aus, wie ich mir ein englisches Botschaftsbüro aus der Kolonialzeit vorstellte. Ein wuchtiger Schreibtisch mit einem Globus und einem

Füllfederhalter. Ein langer Besprechungstisch. Alle Möbel aus dunklem Holz. Hohe Fenster mit Vorhängen aus Damast. Auszeichnungen und auch hier Gemälde an den Wänden. Der Raum war sauber und aufgeräumt.

Sieben Männer befanden sich darin. Drei von ihnen waren offenbar höhere Beamte. Gut gekleidete, gepflegte Ägypter. Hinter jedem von ihnen stand ein Sekretär. Der siebente Mann war ein Dolmetscher.

Einer der drei Beamten trat an uns heran. Das musste der »Attorney« sein, von dem im Gefängnis die Rede gewesen war. Er war ein hagerer Mann Mitte dreißig, der seine mit Öl geglättete Frisur wahrscheinlich für chic hielt. Zumindest ließ sein grauer, glänzender Anzug vermuten, dass er Wert auf Äußerlichkeit legte, und da es ihm offenbar an Geschmack fehlte, sah er aus wie ein Schnösel.

Der Staatsanwalt bildete einen skurrilen Kontrast zu dem Dolmetscher, der mit ihm vortrat, ein klein gewachsener, dicker, etwa siebzig Jahre alter Mann. Der Anzug des Dolmetschers bestand aus einem abgewetzten Sakko und einer durchgesessenen Hose. Schon als er sich vorstellte, vermutete ich, dass er nicht viel besser Deutsch konnte als ich Arabisch. Was für ein Dreamteam, dachte ich.

»Excuse me«, sagte ich zu dem Staatsanwalt. »I ...«

Er unterbrach mich mit einer abfälligen Geste, worauf der Dolmetscher sich zu Wort meldete. »Nicht sprechen«, sagte er.

Der Staatsanwalt drehte sich zu den anderen Beamten um und redete mit ihnen auf Arabisch. Ich sah den Dolmetscher fragend an, doch der zeigte keine Reaktion.

Während die Beamten redeten, betrat ein weiterer Mann den Raum. Er war groß, schlank und gepflegt. »Das ist Ihr Anwalt«, sagte der Dolmetscher.

Lisa hatte es offenbar geschafft. Das war immerhin ein Hoffnungsschimmer. Unser Anwalt hieß Ahmed Abouelkassem.

»Sagen Sie ihm, dass wir ohne Grund festgehalten werden«, sagte ich zu dem Dolmetscher. »Er soll herausfinden, was die uns vorwerfen. Ich will wissen, was hier los ist, verdammt noch mal.«

Durch meinen Ton wurden die Beamten wieder auf uns aufmerksam. Der Staatsanwalt schritt langsam zu uns herüber. Der Dolmetscher und der Anwalt erstarrten. Sie schienen regelrecht zu schrumpfen. Der Staatsanwalt sagte zwei Sätze, ganz ruhig und bedacht. Ich verstand sie nicht, aber seine Stimme klang drohend.

Der Anwalt drehte sich daraufhin wortlos um und setzte sich auf einen Stuhl in einer Ecke des Raumes. Dann wandte sich der Staatsanwalt an uns. Der Dolmetscher übersetzte. »Wer sind Sie und was machen Sie hier?«, fragte er.

Ich erklärte ihm so ruhig wie möglich, dass wir mit dem Auftrag, ein Schiff namens *Four Smile* vor Piraten zu schützen, auf der Durchreise seien, im Hafen von Suez an Bord gehen würden, und dass wir für uns und unsere Waffen alle nötigen Papiere hätten.

Der Staatsanwalt nickte und beriet weiter mit seinen Kollegen. Ich versuchte, Blickkontakt mit Abouelkassem, unserem Anwalt aufzubauen, doch der saß eingesunken und weiterhin stumm in seiner Ecke und ignorierte uns. Schließlich wies uns der Staatsanwalt mit Gesten an, den Raum zu verlassen.

Einer der Sekretäre führte uns zu einer Bank am Gang, wo wir Platz nehmen sollten. Ich bemerkte, dass die Tür, durch die Schönburg verschwunden war, offen stand. »Karl, die haben gerade unserem Anwalt gesagt, er soll still sein und sich in die Ecke setzen«, sagte ich. Ich sagte es so laut ich konnte, ohne zu viel Aufmerksamkeit zu erregen.

Karl verstand. »Stimmt«, sagte er ebenso laut. »Außerdem haben sie ewig lange über uns beraten, während der Dolmetscher kein Wort für uns übersetzt hat.«

Ich konnte nur hoffen, dass uns Schönburg oder jemand anderer von der Botschaft hörte. So wie die österreichischen Diplomaten sich bisher benommen hatten, konnte ich nicht davon ausgehen, dass sie achtsam und schlau genug waren, unsere Nachrichten wahrzunehmen und angemessen darauf zu reagieren. Doch den Versuch war es wert.

Als nächstes mussten wir einzeln in das Büro des Staatsanwaltes zurück. Zuerst war ich an der Reihe. Der Staatsanwalt saß jetzt hinter dem wuchtigen Schreibtisch. Die anderen Beamten und die Sekretäre hatten an dem langen Tisch Platz genommen. Ich sagte, auf seine neuerliche Frage, wer ich sei und was ich in Ägypten wolle, etwas ausgeschmückt das gleiche noch einmal wie gerade eben. Der Staatsanwalt wirkte abwechselnd belustigt und wütend.

Piraten gäbe es nicht, übersetzte der Dolmetscher für mich. Das seien Märchen. Es stellte sich heraus, dass der Staatsanwalt uns für Australier hielt. Das Wort »Austria« hatte er noch nie gehört. Er kannte das Land nicht. Schnösel, zumal ungebildete, in hohen Positionen sind gefährlich, dachte ich. Wenn die es auf einen abgesehen hatten, war mit allem zu rechnen.

Nachdem Karl unsere Geschichte ebenfalls erzählt hatte, brachten uns zwei Polizisten wieder zum Transporter. Ehe wir einsteigen konnten, hielten sie mir zwei Wasserflaschen hin. Als ich mit überschwänglichem Dank danach griff, zogen sie die Flaschen zurück. »Fourty dollar«, sagten sie.

Ich leckte mir über die Lippen, zog meine Brieftasche und gab ihnen das Geld. Ich musste dieses Wasser haben. Eine Flasche reichte ich Karl. Wir tranken beide gierig.

Der Gefängnisdirektor empfing uns diesmal im Innenhof. Wir mussten unsere Kleidung und alle unsere Sachen inklusive meiner 3.600 Euro und 800 Dollar abgeben. Ich hielt mich mit Protesten zurück. Sie würden in dieser Situation keinen Sinn ergeben. Der ägyptische Justizapparat, ob er diesen Namen nun verdiente oder nicht, hatte uns vereinnahmt.

Nicht nur der Zustand des Häftlings, der für uns übersetzen sollte, hatte mich gewarnt. Anlässlich der Inhaftierung Husni Mubaraks im *Tora*-Gefängnis hatte ich Berichte über die Zustände dort gelesen. Demnach war dort ein Menschenleben wenig wert und niemand fragte nach den Toten.

Wir bekamen weiße Hosen und Hemden. Sowohl das Wort »weiß« als auch die Worte »Hosen« und »Hemden« waren eigentlich unpassend. Es handelte sich um verdreckte Sachen, die aus ehemals weißen Lumpen zusammengeflickt waren. Als ich das »Hemd« überzog, fiel der rechte Ärmel ab.

Ein Wärter führte uns zu unserer Zelle. Durch kleine vergitterte Fenster in zwei Metern Höhe fiel dämmriges Licht in den etwa zwanzig Meter langen und fünf Meter breiten Raum. Der Boden bestand aus gestampfter Erde und Dreck. In die rohen Wände waren Betonbänke eingelassen, jeweils eine in Bodennähe und eine anderthalb Meter darüber. Diese Bänke dienten den Insassen offenbar als Schlafplätze.

Dabei gab es eindeutig mehr Insassen als Schlafplätze. Die Augen von ungefähr achtzig Männern richteten sich auf uns, als wir die Zelle betraten. In ihren Gesichtern standen Hoffnungslosigkeit und Verzweiflung. Sie wirkten ausgezehrt und krank. Sie alle trugen weiße Lumpen.

Ehe ich mich weiter orientieren konnte, betrat ein Beamter die Zelle. Mehrere Wärter begleiteten ihn. In der Mitte baute er sich auf. Als er zu reden anfing, verstand ich das Wort *Chief of Investigation*, mit dem er sich offenbar vorstellte. Der Rest war Arabisch und offenbar nicht für uns, sondern für unsere Mithäftlinge bestimmt. Während der *Chief of Investigation* redete, streifte er uns mit keinem einzigen Blick. Unsere Mithäftlinge hingegen starrten uns unverwandt an, während sie ihm aufmerksam zuhörten.

Als der *Chief of Investigation* zusammen mit seiner Entourage wieder verschwunden war, sah ich mich noch einmal um. Hier sind wir also gelandet, dachte ich. In einer überfüllten, unerträglich verdreckten Gefängniszelle am Arsch der Welt, zusammen mit achtzig Männern, von denen wir keine Ahnung hatten, was sie verbrochen hatten. Vielleicht waren sie Diebe und Betrüger, vielleicht aber auch Mörder und andere Schwerverbrecher.

Wenn ich aus dieser Lage wieder heil herauskommen will, muss ich mich auf das Wesentliche konzentrieren, dachte ich. Vor allem musste ich herausfinden, was uns dieser Staatsanwalt vorwarf. Schließlich war unsere wahre Geschichte auch für jemanden, der nicht an Piraten glaubte und noch nie von Österreich gehört hatte, einfach zu verstehen, in allen Punkten belegt und durch und durch transparent. Meine Vorbereitung der Reise war so akribisch gewesen, dass uns die Ägypter nicht einmal die kleinste Verwaltungsübertretung vorwerfen konnten.

Als wir uns nach einem Platz umsahen, an dem wir uns niederlassen konnten, fiel uns auf, dass uns die anderen Gefangenen mieden. Erst nach einiger Zeit hörte ich einen von ihnen Englisch sprechen. »Hey, you two«, sagte er. »Come over here.«

Ein drahtiger Ägypter winkte uns zu seiner Betonbank. Wir setzten uns zu ihm. Er reichte uns Kekse, die wir sofort verschlangen. Zum ersten Mal seit langem bekamen wir etwas zu essen. Er gab uns auch Tee. Das stärkte unseren Überlebenswillen. »What did the Chief of Investigation say?«, fragte ich ihn.

Der Ägypter machte ein ernstes Gesicht. Er habe allen Häftlingen verboten, mit uns zu sprechen, sagte er. »He said you are terrorists from Israel.«

Ich schloss die Augen und rieb mir die Schläfen. Großartig, dachte ich. Wir steckten noch viel tiefer in der Scheiße, als ich gedacht hatte.

7

Der Name unseres neuen Freundes war Amar. Er sprach fließend Englisch mit einem amerikanischen Akzent. Er war erst 27 Jahre alt, hatte in den USA studiert und danach einen gut bezahlten Job in der IT-Branche Ägyptens gefunden. Die Staatsanwaltschaft warf ihm vor, in seiner Firma Geld geklaut zu haben.

Amar erzählte uns, dass die Männer in unserer Zelle Untersuchungshäftlinge waren. Die weiße Kleidung wies sie als solche aus. Jede Gruppe von Häftlingen trug eine andere Farbe. Zum Tode verurteilte bekamen rote Kleidung. Wenn die Zustände schon in der Untersuchungshaft so beschissen waren, wollte ich mir gar nicht vorstellen, wie es in den regulären Gefängnissen zuging.

Die Betonbänke waren etwa 170 Zentimeter lang und vierzig Zentimeter breit. Wer eine der Bänke in Bodennähe hatte, konnte sich nicht aufrichten, ohne mit dem Kopf an der Bank über ihm anzustoßen. Trotzdem war es unser erstes Ziel, eine dieser Bänke zu ergattern, um wenigstens unsere eigene Insel in dieser Düsternis zu haben.

Es gelang uns relativ leicht. Wir merkten dabei, dass die anderen Häftlinge Respekt vor uns hatten. Sie schienen regelrecht Angst vor uns zu haben. Wenn ich auf einen von ihnen zuging, wich er zurück. Die Rede des *Chief of Investigation* zeigte offenbar Wirkung.

Ich erkundete das Terrain. Am Ende der lang gezogenen Großraumzelle gab es noch einen Raum, der zugleich als Küche, Waschraum und Klo diente. Der Boden dort war betoniert und in einer Ecke lagen Heizspiralen in einem Sandbett, die offenbar zum Kochen dienten. Es gab drei

Wasserhähne. Außerdem gab es vier Löcher im Boden, die unsere Toiletten waren.

Ich drehte an einem der Wasserhähne. Nichts passierte. Amar erklärte mir, dass nur eine halbe Stunde pro Tag Wasser aus den Leitungen kam. Er deutete auf zwei Tonnen in einer Ecke. Als ich einen Schluck daraus nehmen wollte, zuckte ich zurück. Das Wasser, das für eine halbe Stunde pro Tag aus den Leitungen kam, war braun und stammte offenbar direkt aus dem Nil. Wer es trank, wurde krank. Ich würde das Wasser abkochen und filtern müssen, soviel war klar.

Amar erklärte uns das Gefängnis. Wir befanden uns im östlichen Teil von Kairo, im Bezirk Maadi. In unserem Komplex waren etwa 2.400 Menschen inhaftiert, aufgeteilt auf acht Zellen. Wir waren in einer Zelle im oberen Stockwerk des Blocks und es ging uns, wie er sagte, vergleichsweise gut. Die schlimmsten seien die Zellen im untersten Stockwerk. Dort seien die Mörder, die Vergewaltiger und die Drogendealer untergebracht.

Was nicht bedeutete, dass unter unseren Mithäftlingen keine Mörder gewesen wären. Einer war ein Ehrenmörder, ein typischer Salafist mit Vollbart und weißer Kafta. Er hatte seine Schwester umgebracht, weil sie sich in einen Christen verliebt hatte. Doch Ehrenmörder genossen in der Gefangenenhierarchie Respekt, zumal in dem radikalen islamistischen Klima, das in Ägypten gerade herrschte.

Es wurde Mitternacht. Ich sah Karl an, wie erschöpft er war. Viele Häftlinge hatten sich bereits schlafen gelegt, also legten wir uns ebenfalls auf unsere Betonbänke. Trotz unserer Müdigkeit fanden wir zuerst keine Ruhe. Wir mussten die Anstrengungen der vergangenen Tage und unsere unwirkliche Situation erst verarbeiten. Terroristen aus Israel?

Das konnte nicht ihr Ernst sein. Zumindest würde es leicht zu widerlegen sein.

Die Hitze des Tages war innerhalb weniger Stunden verflogen. Nun erfüllte eisige Kälte die Zelle und wir hatten weder Decken noch Kissen. Wir lagen nur stumm da und froren. Immerhin kam es mir zugute, dass ich lange Zeit Soldat gewesen war. Ich konnte überall und in jeder Position schlafen.

Ich erwachte von furchtbarem Geschrei. Ich war dermaßen alarmiert, dass ich von meiner Betonbank federte und mir dabei beinahe den Kopf an der Bank über mir anschlug. Es musste zwischen drei und fünf Uhr morgens sein und ich brauchte eine Weile, um zu verstehen, was gerade vor sich ging. Die Muslime, und so gut wie alle unsere Mithäftlinge waren Muslime, beteten.

Einer der Häftlinge hatte die Rolle des Muezzins übernommen. Er rief offenbar jeden Morgen das Gebet aus. Daraufhin liefen alle Häftlinge der Reihe nach in die Waschkammer und reinigten sich, um hinterher gemeinsam lautstark zu beten. *Allahu akbar*. Gott ist groß.

Das nächste Mal erwachte ich vom Geschrei eines Wärters. Ich hörte ihn meinen und Karls Namen nennen, wobei er die Vornamen statt der Familiennamen benutzte. »Hannes« konnte er offenbar nicht aussprechen, weshalb er mich »Hans« nannte.

Amar raunte mir zu, dass wir von nun an eine halbe Stunde Zeit hätten. Dann müssten wir los. Er zeigte mir eine Uhr an der Wand. Es war eins von den Plastikdingern, die ich bisher vor allem von jenen Situationen kannte, bei denen ich immer an Scheidung dachte: von samstäglichen Ausflügen mit Lisa zu Ikea. Das Glas dieser Plastikuhr war zerbrochen und das Gehäuse kaputt. Die Zeit zeigte sie trotzdem noch an. Es war 6.30 Uhr. Um 7 Uhr würden sie uns holen.

Lisa

Mit weichen Knien stand ich am Flughafen von Kairo. Was hatte ich mir bloß dabei gedacht? Ein Polizist musterte mich aufmerksam. Suchten die mich etwa? Ich war atemlos. Was sollte aus Leonie werden, wenn sie mich auch verhafteten? Ich setzte mich mit meinem kleinen Koffer auf eine Bank und versuchte, mich zu beruhigen. Der Polizist verlor das Interesse an mir.

Es folgte eine tagelange Irrfahrt durch Kairo. Ich hoffte, dass der Anwalt etwas herausfinden würde. Denn ich kam bei meiner Suche nicht voran. Ägyptische Beamte schickten mich von einer Polizeistation zur nächsten. Es waren wohl dutzende Polizeistationen, in denen ich zu den Beamten, von denen die wenigsten Englisch sprachen, immer wieder das gleiche sagte. »Hannes Führinger?«

Alle reagierten, sinngemäß, gleich. »Er war hier. Wo er jetzt ist, wissen wir nicht.«

Nach drei Tagen, als ich gerade unterwegs zu einer weiteren Polizeistation war, rief mich der Anwalt an. »Es sieht schlecht aus«, sagte er. »Ihr Mann befindet sich im Tora-Gefängnis. Ich habe mich um eine Besuchserlaubnis bemüht, bekomme aber keine. Ich kann nur versuchen, Sie bei einer der Anhörungen in das Gerichtsgebäude zu bringen. Ich kann Ihnen allerdings nicht garantieren, dass das funktioniert. Das alles ist so schwierig, weil die Staatssicherheit für den Fall zuständig ist.«

8

Sie waren pünktlich. Zwei Wärter brachten Karl und mich in den Gefängnishof. Dort stand ein eiserner Käfig im Sonnenlicht. Darin schlossen sie uns gemeinsam mit sechzig anderen Häftlingen ein.

Die Sonne stieg am Himmel empor und es wurde immer heißer. Ich versuchte, meinen Kopf so gut es ging zu schützen. Um 11 Uhr kam ein Laster in den Hof. Sein Aufbau bestand aus einer Art Container, zu dem uns die Wärter jetzt führten. In Handschellen pferchten sie uns in den fensterlosen Raum. Ich hätte gerne gewusst, wohin die Fahrt ging, aber Amar, den ich fragen hätte können, war nicht da.

Wir hatten nicht genug Platz, um zu sitzen. Eng aneinander gepresst standen wir zwischen den Metallwänden. Menschen in einer Konserve, die bei jeder Kurve durcheinander taumelten. Benommen kletterten wir hinaus, als der Lastwagen hielt und die eisernen Türen sich öffneten.

Wir fanden uns in der Tiefgarage eines Gebäudes wieder. Neben unserem Laster standen zwei weitere gleicher Bauart. An einer Wand der Garage sah ich ein Symbol, das mir bekannt vorkam. »Karl«, sagte ich. »Ist das nicht das gleiche Symbol wie gestern im Büro des Staatsanwaltes?«

Karl sah es sich an und nickte. »Ich denke, du hast recht«, sagte er.

Die Wärter übergaben uns an Beamte, die uns in eine Zelle im Keller des Gebäudes führten. Karl und ich waren dort zwei von mehr als 150 Menschen auf rund fünfzig Quadratmetern. Es gab keine Fenster und ich bekam kaum Luft. Es stank erbärmlich. Der Boden gab unter meinen Schritten nach. Zuerst wollte ich nicht nach unten sehen.

Irgendwann riskierte ich doch einen Blick. Ich stand auf einem Teppich aus Scheiße.

Niemand konnte die Zelle verlassen, bis er aufgerufen wurde. Wer es nicht mehr aushielt, verrichtete seine Notdurft dort, wo er gerade stand. Wir waren so eng aneinander gedrängt, dass keiner weggehen konnte, wenn neben ihm jemand seine Hose öffnete und auf den Boden schiss.

So warteten wir. Wenn die Beamten einen Namen riefen, drängte sich der betreffende Häftling bis zur Zellentür durch, wo ihn die Wärter packten und im Gehen schlugen, anspuckten oder beides.

Stunden vergingen. Manchmal drangen aus den Tiefen des Kellersystems Schreie zu uns. Ein Gefangener nach dem anderen ergab sich seiner Erschöpfung und setzte sich in die Scheiße. So ähnlich hatte ich mir als Kind die Hölle vorgestellt. Was immer das hier wirklich war, es konnte unmöglich ein regulärer Teil eines Justizapparates sein. Ein österreichischer Schweinestall wäre gegen diesen Raum der pure Luxus gewesen.

Sieben Stunden vergingen, in denen mich die Wut aufrecht hielt. Mit mir nicht, dachte ich. Ich suchte im Kopf nach Auswegen, doch mir fehlten die Anhaltspunkte. Auf die österreichische Botschaft konnte ich mich so wenig stützen, als wäre sie ein Teil dieses kaputten und menschenverachtenden Apparates. So kam es mir vor. Es musste einen anderen Ausweg geben. Dazu brauchte ich vor allem mehr Informationen.

Als die Wärter Karls und meinen Namen schrien, wateten und drängten auch wir durch die Fäkalien- und Menschenmasse zur Tür. Ich bereitete mich darauf vor, mich zu wehren, sollte mich jemand schlagen oder anspucken wollen. Als die Wärter die Tür öffneten, winkten sie uns auch tatsächlich mit einem Schlagstock nach draußen. Doch sie schienen zu spüren, dass ich im Nahkampf ausgebildet war und vorhatte, meine Fähigkeiten gegebenenfalls einzusetzen. Wenn ich mich ruckartig bewegte, zuckten sie zusammen.

Wir fuhren mit einem Aufzug nach oben. Ich erkannte den Gang wieder, in den wir traten. Die Wärter brachten uns zu der schweren Tür zum Büro des Staatsanwaltes und deuteten mir, hineinzugehen. Karl ließ sich inzwischen auf eine der Bänke am Gang nieder. Ich konnte mir vorstellen, was er dabei dachte. Endlich sitzen. Alles andere war ihm vermutlich vorerst egal.

Der Staatsanwalt saß am Kopfende des langen Tisches und winkte mich heran. Wie er so dasaß und mich beobachtete, mit seinen glatten, schwarzen Haaren, kam er mir wie eine Eule in einem Schnösel-Anzug vor. Unser Anwalt Abouelkassem, der Dolmetscher sowie ein hagerer Mann mit einer Brille, dessen Rolle ich nicht kannte, saßen ebenfalls am Tisch.

Der Anwalt redete. Der Dolmetscher übersetzte. »Brauchen Sie etwas?«

»Decken«, sagte ich. »Wir brauchen unbedingt Decken, sonst erfrieren wir nachts.«

Abouelkassem nickte und notierte meinen Wunsch in einem Notizblock. Jetzt verstand ich auch, welche Rolle dem Hageren zufiel. Er war der Schreiber. Er schrieb alles mit.

Ich wollte weiterreden, da fiel mir der Staatsanwalt ins Wort. »Woher kommen Sie?«

Er betrachtete mich dabei mit seinem Eulenblick, als könne er über die Sprachbarriere hinweg erkennen, ob ich die Wahrheit sagte oder log.

»Ich komme aus Österreich«, sagte ich.

Er schüttelte den Kopf. »Welcher Religion gehören Sie an?«

»Ich bin Christ.«

Genau die gleichen Fragen hatte er mir auch schon gestern gestellt. Jetzt starrte er mich weiter unverwandt an, während der Dolmetscher seine Arbeit tat.

»Ihr seid gekommen, um Ägypter zu töten«, sagte der Staatsanwalt. »Wer oder was war euer Ziel?«

In Polizeikreisen war dieser simple Trick bekannt. Das Wort »Ziel« ließ sich unterschiedlich interpretieren. Hätte ich den Port Suez als Ziel genannt, hätte der Staatsanwalt ein Geständnis zu Protokoll genommen. Zwei israelische Terroristen, die einen Anschlag auf den Hafen verüben wollten.

»Wir hatten kein Ziel, sondern eine Reisedestination«, sagte ich. »Wir sind im Auftrag einer italienischen Reederei hier, um eines ihrer Schiffe, die Four Smile, vor Piratenangriffen zu schützen.«

Der Staatsanwalt schüttelte wieder nur den Kopf. »Welcher Religion gehören Sie an?«, fragte er neuerlich.

»Ich bin Christ.«

»Wer hat euch beauftragt? Ein Geheimdienst östlich des Suez-Kanals?«

Er meinte Israel.

»Unser Auftraggeber ist eine italienische Reederei«, sagte ich.

Der Staatsanwalt schlug mit der Faust auf den Tisch. Er brüllte den Dolmetscher an und zeigte auf die Tür.

»Gehen Sie«, sagte der Dolmetscher hastig. »Schicken Sie den anderen herein.«

Unser Anwalt hatte die ganze Zeit über geschwiegen.

Nachdem Karl die gleichen Fragen beantwortet hatte, mussten wir wieder in der Scheiße stehen. Erst als alle 150

Häftlinge ihre Verhöre hinter sich hatten, konnten wir den Raum verlassen. Wie Tiere transportierten sie uns zurück ins Gefängnis. Dort durchsuchten uns die Wärter nach unerlaubten Gegenständen, obwohl wir keine Chance gehabt hätten, welche an uns zu nehmen. Als wir die Zelle wieder betraten war es Abend geworden.

Die Stimmung unter den Häftlingen war, was uns betraf, angespannt. Weiterhin wollte keiner mit uns sprechen. Nur Amar. Er gab uns auch wieder zu essen und zu trinken. Denn das Essen, das vom Gefängnis kam, war ungenießbar. Die Wärter stellten jeden Morgen einen Eimer mit einer Brühe in die Zelle, in der sich Steine und Zigarettenstummel befanden.

Wir wussten von Amar, dass es eine verbreitete Selbstmordmethode war, das Zeug zu essen, und das war kein schlechter Scherz. Selbstmorde kamen in dem Gefängnis laufend vor, weil Menschen dem Druck und den Lebensbedingungen nicht standhielten. Manche aßen dann das Gefängnisessen. Wer leben wollte, aß nur, was ihm seine Verwandten und Freunde brachten.

»Warum hast du keine Angst vor uns?«, fragte ich Amar.

»Ihr seid nicht die ersten Ausländer, denen sie Spionage und Schlimmeres vorwerfen«, sagte er. »Sie pflegen ihre Feindbilder. Die anderen Fälle liegen allerdings schon etwas zurück. Das war noch während der Revolution.«

Lisa

Der Anwalt teilte mir telefonisch mit, dass es jetzt soweit wäre. Hannes würde wieder zu einer Anhörung geführt werden. Ich solle Karls Mutter verständigen. Sie hatte inzwischen ebenfalls die für sie schon etwas beschwerliche Reise nach Kairo angetreten. Gemeinsam mit dem Anwalt und seiner Assistentin fuhren wir zum Hauptquartier der Staatssicherheit. Die Assistentin blieb bei uns, während der Anwalt in dem prunkvoll dekorierten Gebäude verschwand.

Wir warteten. Stundenlang. Es war heiß. Schließlich deutete die Assistentin auf einen blauen Lastwagen, der gerade einbog. »They are inside«, sagte sie.

Ich sah kleine vergitterte Fenster in den Seitenwänden des Lastwagens. Als er an uns vorbeifuhr, war ich sicher, das Gesicht meines Mannes dahinter zu erkennen. Ich sah ihn nur für wenige Sekunden. Er bemerkte mich nicht. Er war blass. So blass, wie ich ihn noch nie gesehen hatte.

Karls Mutter krallte ihre Hand in meinen Arm. »Karl«, sagte sie. Ich hörte die gleiche Verzweiflung in ihrer Stimme, die ich fühlte. Ich stützte sie, während der Lastwagen 300 Meter weiter in dem Gebäude verschwand. Es sah aus, als würde er mit Hannes und Karl vom Erdboden verschluckt.

Der Anwalt würde alles unternehmen, damit wir die beiden sehen könnten, sagte die Assistentin. Tatsächlich rief er uns nach einigen weiteren Stunden an und wir gingen in das Gebäude. Er kam uns entgegen gelaufen. »Schnell«, sagte er, »bevor sie es sich anders überlegen.«

Innen war das Gebäude der Staatssicherheit genauso prunkvoll dekoriert wie außen. Vor einer Flügeltür blieb der Anwalt stehen. Er öffnete sie kurz, sodass ich einen Blick in den Raum werfen konnte.

Das Zimmer war groß. In der Mitte lag ein aufwendig verzierter arabischer Teppich. Am anderen Ende des Raumes stand ein Schreibtisch aus massivem Holz. In der Mitte des Teppichs saß Hannes in einem Schwingsessel. Er wandte mir den Rücken zu. Mir blieb das Herz stehen.

Immerhin, er lebte, dachte ich. Er atmete. Er schien keine Verletzungen zu haben, zumindest keine gröberen. Ich wollte in den Raum gehen, doch der Anwalt hielt mich zurück und schloss die Tür wieder. Er bedeutete uns, in ein Nebenzimmer zu gehen. Wieder warteten wir.

Als die Tür aufging, starrte ich sie an. Kam Hannes jetzt wirklich herein? Ich kannte den Mann, der eintrat, aber es war nicht Hannes. Es war der Mann, der eben im großen Zimmer am Schreibtisch gesessen hatte. Er stellte sich als Staatsanwalt Gamal Abdel Nagib vor. Ich riss mich zusammen. Es würde alles nur schlimmer machen, wenn ich jetzt die Nerven verlor.

Mit dem Staatsanwalt hatte ein kleiner, schmieriger, übergewichtiger Mann den Raum betreten. Er gab sich als Dolmetscher zu erkennen. Über ihn sprach ich mit dem Staatsanwalt. »Was werfen Sie meinem Mann vor?«, fragte ich.

Der Staatsanwalt verschränkte die Arme und grinste hämisch. »Das werden wir noch sehen«, sagte er.

Hatte ich richtig gehört? Ich wollte mir weiterhin nichts anmerken lassen. »Wie lange wird das dauern?«, fragte ich.

Das Grinsen des Staatsanwalts wurde breiter. »Wir erledigen die Angelegenheit so rasch wie möglich, verlassen Sie sich darauf«, sagte er.

Er machte eine Handbewegung, als würde er mich wegwischen wollen.

»Sie müssen jetzt wieder gehen«, sagte der Dolmetscher.

Wir verließen den Raum. »Wir versuchen es morgen wieder«, sagte der Anwalt draußen im Gang. »Morgen klappt es.«

9

An jedem unserer ersten acht Tage in Untersuchungshaft fuhren wir zum Verhör. Es lief immer gleich ab. Der gleiche Käfig, der gleiche Laster, der gleiche vollgeschissene Raum, die gleichen Fragen. Karl und ich konzentrierten uns darauf, zu überleben. Etwas, das in *Ambra Azsah* nicht allen gelang.

Hier saßen viele Menschen, die während des großen Umsturzes an Protesten beteiligt gewesen waren. Die Revolution lag bereits zehn Monate zurück, doch es gab noch immer Häftlinge mit schweren Verletzungen von damals. Sie waren von Sicherheitskräften oder dem Militär verletzt und dann eingesperrt worden, ohne je medizinische Betreuung zu erhalten. Einige hatten offene, übel riechende Wunden, an denen manche starben.

Ein junger Mann hatte eine unbehandelte Schusswunde am Oberarm. Er hatte sie mit einem selbst gemachten Verband aus Kleidungsstücken versorgt. Ich hatte nicht nur eine Ausbildung im Nahkampf, sondern auch eine als Sanitäter. Deshalb konnte ich sehen, dass er seinen Arm verlieren würde. Er wäre zu retten gewesen, bloß konnte ich mangels medizinischer Mittel nichts für ihn tun.

Amar half uns in diesen ersten Tagen ständig. Er versorgte uns weiterhin mit Essen und Trinken. Ohne ihn hätten wir hungern müssen. Er erklärte uns, dass Zigaretten die Währung im Gefängnis waren. Die Häftlinge bezahlten alles damit. Ein Kleidungsstück zu waschen zum Beispiel kostete vier Zigaretten. Die Geschäfte liefen nicht nur zwischen den Häftlingen, sondern auch zwischen ihnen und den Wärtern. So zogen die Wärter an jedem

Monatsanfang einen Fixbetrag an Zigaretten für die Müllentsorgung ein. Wer nicht bezahlen konnte, den schlugen sie.

Der achte Tag unserer Untersuchungshaft war der 9. November. Er begann genau wie die Tage davor. Nach stundenlangem Warten landete ich im Büro des Staatsanwaltes und stellte mich seinen Fragen. Der Staatsanwalt nannte mich wie immer einen Lügner. Doch als ich sein Büro verließ, war etwas anders als sonst. Unser Anwalt, der weiterhin beharrlich schwieg, folgte mir. In der Tür legte er mir die Hand auf die Schultern. »Lisa«, sagte er.

Nein, dachte ich. Sie konnte unmöglich hier sein. Es war viel zu gefährlich. Was dachte sie sich dabei?

Abouelkassem führte mich in ein Nebenzimmer. Da stand sie. Einfach so. Wie aus einer anderen Welt.

»Hannes«, sagte sie. Sie stürmte auf mich zu und schlang weinend und zitternd ihre Arme um mich.

Abouelkassem zeigte mit dem Finger auf seine Uhr. »Du steckst ganz schön in der Scheiße«, sagte sie. »Wie geht es dir?«

Ich wollte sie nie mehr loslassen. »Es geht mir gut«, sagte ich. »Mach dir keine Sorgen. Ich kann auf mich aufpassen. Das weißt du.«

Die Umstände der Haft verschwieg ich ihr. Sie hätte sich nur noch mehr Sorgen gemacht. »Die Sache entwickelt sich in eine politische Richtung«, sagte ich. »Wir müssen das verhindern. Bitte sag denen von der Botschaft, dass ich dringend Decken, Geld, Unterwäsche und vor allem Lebensmittel brauche.«

Lisa nickte. Sie weinte noch immer. »Entschuldige bitte«, sagte sie. »Die haben mich von Polizeistation zu Polizeistation geschickt. Ich habe dich tagelang gesucht.«

»Sobald du die Botschaft kontaktiert hast, setzt du dich in ein Flugzeug nach Österreich«, sagte ich. »Du bist hier nicht sicher, verstehst du?«

Ich hielt ihren Kopf und küsste sie.

Abouelkassem zerrte an meinem Arm.

»Ich warte auf dich, egal wie lange es dauert«, sagte sie. »Ich liebe dich.«

Ich streckte meine Hand nach ihr aus, während mich Abouelkassem zur Tür zog. »Ich liebe dich auch, Lisa.«

Lisa

Wieder warteten wir stundenlang vor dem Hauptquartier der Staatssicherheit, ehe uns der Anwalt hinein rief. Diesmal durfte ich keinen kurzen Blick auf Hannes werfen. Der Anwalt schickte uns gleich in den Nebenraum, wo wir warten sollten.

Ich hatte genau wie Karls Mutter mehrere Lebensmittel und Gebrauchsgegenstände mit, die ich Hannes geben wollte. Schließlich ging die Tür auf. Der Anwalt trat mit Hannes ein. Er hatte offenbar nicht mit mir gerechnet. Wir fielen uns in die Arme. Ich sagte wohl genau das Falsche. »Du steckst ganz schön in der Scheiße«, sagte ich. »Wie geht es dir?«

Mir fiel auf, dass er gut roch. Vertraut und gepflegt. Das wunderte mich. Ich war in Freiheit, aber ich konnte mich in Kairo keine Stunde aufhalten, ohne mich verknittert und durchgeschwitzt zu fühlen.

»Es sieht schlimmer aus, als es ist«, sagte er. »Sie haben keine Beweise. Wir haben nichts falsch gemacht. Sie können keine Anklage gegen uns erheben. Das Ganze ist Unsinn.«

Ich war nicht sicher, ob er selbst glaubte, was er sagte.

10

Als uns am nächsten Morgen wieder das Geschrei der Wärter weckte, hatte ich eine nahezu schlaflose Nacht hinter mir. Ich konnte nur hoffen, dass Lisa das Land verlassen hatte. Sie kannte Ägypten vor allem als Reiseziel, als das Land mit den Pyramiden, dem Nil und den attraktiven Stränden, und hatte keine Ahnung, in welcher Gefahr sie hier schwebte.

An diesem neunten Tag unserer Untersuchungshaft stellte der Staatsanwalt keine Fragen an mich. Stattdessen warf er Dokumente auf den Tisch. Sie waren in arabischer Schrift verfasst. Ich konnte kein Wort lesen. »Was steht da?«, fragte ich den Dolmetscher.

Der Staatsanwalt starrte den Dolmetscher an. Der bewegte sich nicht. Ich wollte die Dokumente zu unserem Anwalt schieben, da presste der Staatsanwalt seine geballte Faust darauf.

Jetzt redete der Dolmetscher. »Es ist ein Geständnis«, sagte er. »Mit Ihrer Unterschrift gestehen Sie, ein Spion zu sein.«

Dieser Staatsanwalt wollte mich tatsächlich als israelischen Spion anklagen. »Ich habe nichts zu gestehen«, sagte ich. »Den wahren Grund für meine Reise nach Kairo habe ich Ihnen genannt und er lässt sich durch zahlreiche Dokumente und Aussagen einwandfrei belegen. Das wissen Sie. Ich verstehe deshalb nicht, was das hier soll.«

Der Staatsanwalt bekam einen roten Kopf. Er schrie und fuchtelte mit dem Zeigefinger vor meinem Gesicht herum.

Ich spürte, wie ich ebenfalls wütend wurde. Ich fuhr den Dolmetscher an. »Was sagt er?«

»Dass sie lieber unterschreiben sollen«, sagte er. »Dass Kairo eine große Stadt ist. Dass sich hier jeden Tag Frauen wie Lisa verirren.«

Mir wurde schlecht vor Wut. »Fuck you!«, schrie ich und sprang auf den Staatsanwalt zu.

Damit hatte er nicht gerechnet. Er riss seine Arme hoch, aber ich war schneller. Ich brachte ihn zu Fall und drosch auf ihn ein. Es dauerte nicht lange, bis mich mehrere Sicherheitsbeamte wegzerrten.

Ich vermutete, dass sie mich jetzt mindestens zu viert verprügeln würden, und das war sogar in Ordnung für mich. Auf die Drohung gegen Lisa hatte ich nicht anders reagieren können. Doch die Prügel blieben aus. Sie brachten mich und Karl einfach wieder hinunter in den Keller und später zurück ins *Ambra-Azsah*-Gefängnis.

Am nächsten Tag das gleiche Spiel. Ich betrat das Büro des Staatsanwalts. Ich setzte mich schweigend an den Tisch. Wieder knallte er die Dokumente vor mich hin. Ich schob sie weg.

»Denken Sie an Ihre Frau«, sagte der Dolmetscher. »Langsam wird es ernst.«

Diesmal reagierte ich nicht.

Der Staatsanwalt schrie und wütete. Schließlich ging er zu seinem Schreibtisch und öffnete eine Lade. Er zog eine Pistole hinaus und richtete sie auf meinen Kopf. Ich sah ihm in die Augen. »Schieß doch, du feiges Schwein«, sagte ich.

Er kniff die Augen zusammen. Dann verzog er das Gesicht und legte die Pistole zurück.

Wir konnten gehen. Das war das bisher kürzeste Verhör, dachte ich.

Die Drohungen des Staatsanwaltes machten mir in den nächsten Tagen zu schaffen. War Lisa heil zurück in

Österreich? Ich wusste es nicht. Ich hatte keine Möglichkeit, Kontakt zu ihr aufzunehmen.

Wenig später, am 12. November, saß ich auf meiner Betonbank, als ich von der Tür der Zelle her einen Wärter meinen Namen rufen hörte. Ich sprang auf. Er führte mich in ein Büro. Darin saß ein junger Mann an einem Tisch. »Nehmen Sie Platz, Herr Führinger«, sagte er.

Es war Schönburg, den ich schon vor dem Büro des Staatsanwaltes kennengelernt hatte. Zum ersten Mal seit mehr als einer Woche machte sich in mir so etwas wie Erleichterung breit. »Warum haben sie so lange gebraucht?«, fragte ich.

Schönburg druckste herum. »Wie soll ich es sagen? Wir hatten kein Auto.«

Ich starrte ihn an. »Diese ganze Scheiße könnte längst vorbei sein«, sagte ich.

Er hob die Hände. »Beruhigen Sie sich bitte«, sagte er. »Das alles ist ohnedies nur ein Missverständnis. Wir klären das auf.«

Ich bemühte mich mit jeder Faser meines Körpers, geduldig zu bleiben. Ich brauchte die Hilfe der Botschaft. Es hatte keinen Sinn, diesen Mann mit einem Wutausbruch zu verprellen, wie ungeschickt auch immer er und seine Kollegen sich anstellten. Ich nannte ihm die wichtigsten Dinge, die Karl und ich brauchten. Decken und Lebensmittel vor allem.

»Dieser sogenannte Staatsanwalt hat gedroht, meiner Frau etwas anzutun«, sagte ich. »Er hat eine Waffe auf mich gerichtet.«

»Was wollen Sie?«, sagte er. »Wir sind hier in Afrika.«

»Sonst fällt Ihnen dazu nichts ein?«

Er hob wieder beschwichtigend die Hände. »Wir tun, was wir können«, sagte er. »Verlassen Sie sich bitte darauf.«

»Denken Sie bitte an unsere Verpflegung.«

»Ich sehe, was sich machen lässt.«

Damit war unsere Gesprächszeit um.

11

Ich bekam mit, dass es Handys in der Zelle gab. Ihr Besitz war streng verboten, doch manche Häftlinge hatten anscheinend eins. Ich sah sie versteckt telefonieren. Wenn andere Häftlinge eins hatten, konnte ich mir auch eins besorgen, so viel war für mich klar.

Die Frage war bloß, wie. Ich konnte Amar nicht schon wieder um Hilfe bitten. Das Risiko war zu groß und er hatte schon genug für uns getan. Womöglich handelte er sich unseretwegen noch eine zweite Anklage ein. Also sah ich mich nach einem der Häftlinge um, die ich telefonieren gesehen hatte, und der mir vertrauenswürdig erschienen war.

Ich entdeckte ihn auf seiner Bank. Dort saß er und schlürfte Tee aus einem Metallkännchen. Ich schlenderte zu ihm hinüber. »Hello«, sagte ich.

Er hob den Kopf und sah mich neugierig an. Unsere Mithäftlinge hatten sich inzwischen an uns gewöhnt. Sie hatten festgestellt, dass Amar nichts geschehen war, obwohl er Kontakt zu uns hielt. Das senkte ihre Hemmschwelle im Umgang mit uns.

Ich vergewisserte mich, dass kein Wärter in der Zellentür stand. Dann machte ich dem Mann mit Gesten klar, dass ich telefonieren musste. Dabei versuchte ich, nicht bedrohlich zu wirken, aber auch nicht zu betteln. Schwäche zu zeigen war in diesem Gefängnis eine schlechte Idee. Die anderen schützten die Schwachen nicht. Sie machten sie fertig.

Der Ägypter musterte mich eindringlich. Ich wusste nichts Genaues über ihn, aber es hieß, dass er ein höherer Beamter im Justizapparat war und wegen Korruption saß. Ein in jedem Fall lächerlicher Vorwurf in einem Land, in dem jeder Beamte durch und durch korrupt zu sein schien. Wenn das ein Kriterium wäre, hätte die gesamte Verwaltung hier einsitzen müssen. Jedenfalls war er einer der wenigen gebildeten und intelligenten Männer in der Zelle. Einer von denen, die auch ohne viel Gerede mitbekamen, dass in unserem Fall einiges faul war, und die wie Amar deshalb eine gewisse Bereitschaft hatten, uns zu helfen.

Nachdem er mich gemustert hatte, ließ er seinen Blick schweigend durch den Raum schweifen. Um die Wärter schien er sich keine Sorgen zu machen. Die kamen selten genug in die Zelle. Er schien jemanden zu suchen. Sein Blick blieb schließlich auf einem Ägypter liegen, der mit dem Rücken zu uns bei einer Gruppe anderer Häftlinge stand und sich mit ihnen unterhielt. Ich konnte mir denken, was das bedeutete. Schon vor einigen Tagen hatte ich den Eindruck gehabt, dass die Gefängnisleitung bestimmte Häftlinge benutzte, um die anderen auszuspionieren.

Ich spürte einen kurzen Stoß am Oberschenkel. Der Mann vor mir hatte, ohne seinen Blick von dem Spion zu lassen, sein Handy hervorgeholt und hielt es mir in der geballten Faust entgegen.

Blitzschnell nahm ich es und ließ es in meiner Achsel verschwinden.

Ich wartete mit meinem Anruf bei Lisa bis zum Abend. Karl musste dabei neben mir sitzen und so tun, als würde ich mit ihm reden. Er musste auf meine Fragen antworten, welchen Unsinn auch immer, es verstand ohnedies niemand deutsch. Ich zeigte ihm den Spion. »Achte besonders auf ihn«, sagte ich.

»Mache ich.«

Amar hatte mir erzählt, dass es für den Fall, dass ein Häftling an ein Handy kam, mehrere Störsender gab. Was mich nicht am Telefonieren hindern sollte, denn ich war nicht nur im Nahkampf und als Sanitäter ganz gut, sondern auch als Techniker. Ich öffnete das Handy und sah mir die Sim-Karte an. Es war eine *Vodafone*-Karte. Ich startete das Handy und wählte unter »Netzeinstellungen« einen anderen Betreiber, *Orange*, aus. »Kein Netz« stand daraufhin auf dem Display.

Die meisten Störsender klinken sich in dem Moment ein, in dem das Handy versucht, sich in ein Netz einzuwählen. Also gab ich Lisas Nummer ein und drückte auf »wählen«. Während das Handy versuchte, die Nummer zu erreichen, änderte ich das Netz rasch zurück auf *Vodafone*. Es funktionierte. Ich hörte sie. Das tat gut.

»Führinger?«, sagte sie.

»Ich bin es.«

Sie atmete erleichtert aus, als sie meine Stimme hörte.

»Bist du noch in Kairo?«, fragte ich.

»Ja.«

»Lisa, ich brauche deine Hilfe. Wir bekommen hier nichts zu essen. Ein Ägypter füttert uns durch, aber auf Dauer kann ich das nicht annehmen. Er hat mir die Nummer seiner Eltern gegeben, bitte kontaktiere sie. Sie kommen einmal die Woche und bringen ihm Essen. Bitte gib ihnen Geld, damit sie für uns mitkochen.« Ich nannte ihr die Nummer.

Lisa schrieb sie auf.

»Das ist wichtig«, sagte ich. »Wir verhungern sonst hier.«

Ich wusste von keinem Häftling, der tatsächlich verhungert war, aber ich hatte einige gesehen, die nahe dran waren. Abgemagert bis auf die Knochen lagen sie lethargisch auf ihren Betonbänken.

»Okay«, sagte Lisa. »Verstanden. Ich mache das.«

»Danach setzt du dich in das erste Flugzeug zurück nach Österreich. Versprich es mir.«

Karl hatte wie vereinbart auf jeden meiner Sätze geantwortet, während ich das Handy mit vorgebeugtem Oberkörper nur so nahe ans Ohr gehalten hatte, dass ich Lisa verstehen konnte. Jetzt tippte er mir auf die Schulter. »Pack das Handy weg«, sagte er. »Unser Freund streift durch die Zelle.«

Ich legte sofort auf und versteckte das Handy wieder in meiner Achsel. »Lisa wird uns über Amars Eltern Essen organisieren«, sagte ich zu Karl.

Er nickte. »Gut«, sagte er und drehte sich um.

Wir überleben, dachte ich. Und dann?

12

Weiterhin wartete täglich um 7 Uhr der Käfig auf uns. Weiterhin warteten wir in diesem Käfig jeden Tag drei Stunden in der prallen Sonne auf den Laster. Weiterhin vegetierten wir dahin wie Schlachtvieh. Weiterhin wurden wie auch transportiert wie Schlachtvieh, und weiterhin standen wir genau so dicht an dicht in der Scheiße.

Ich wusste inzwischen von der Botschaft, wer der Staatsanwalt war, mit dem wir es zu tun hatten. Er hieß Gamal Abdel Nagib und war ein Mann der Staatssicherheit. Das Gebäude, zu dem wir täglich fuhren, war das Hauptquartier der Staatssicherheit.

Die unzähligen Verhöre verschwammen in meinem Kopf allmählich zu einem einzigen, langen, sinnlosen Gespräch. Ich blieb bei der Wahrheit, egal wie oft ich dieselben Fragen beantworten musste. Was auch sonst. Karl verhielt sich ebenso.

Nagib hatte offenbar begriffen, dass er mit Drohungen bei uns nicht weiter kam. Also legte er sich nach und nach seine eigene Version der Geschehnisse zurecht. Jeden Tag dichtete er etwas dazu. Er schuf eine komplexe Fiktion, in der wir abwechselnd israelische Spione und israelische Terroristen waren. Dass alle Fakten diese Fiktion widerlegten, schien ihn nicht zu stören. Es war, als würde er seine Geschichte selbst umso mehr glauben, je öfter er sie wiederholte und weiterspann.

Abouelkassem, unser Anwalt, blieb eine Enttäuschung. Er saß jeweils nur eingeschüchtert und wortlos da. Manchmal fragte ich mich, ob ihm bewusst war, dass hier ein Staatsanwalt zwei ganz und gar unschuldige Menschen festhielt.

Vielleicht spielte es auch keine Rolle für ihn. Hier in Ägypten kamen mir Wahrheit und Gerechtigkeit zunehmend wie europäische Marotten vor, die vielleicht in abgehobenen Justizsystemen reicher Länder eine Rolle spielten, in Wirklichkeit aber bedeutungslos waren. Immerhin schien sich Abouelkassem nicht wohl in seiner Haut zu fühlen. Wenn ich seinen Blick suchte, wich er mir meistens aus.

Die Protokolle des Schreibers konnte ich nicht lesen. Sie waren in arabischer Sprache und Schrift verfasst. Höchstwahrscheinlich war ich darin falsch zitiert. Vielleicht hatte ich gemäß dieser Protokolle zumindest schon Teilgeständnisse abgelegt. Wenn mich der Staatsanwalt aufforderte, sie zu unterschreiben, rührte ich mich nicht. Ich sagte immer nur ein Wort. »No.«

Lisa ließ es sich nicht nehmen, mich weiterhin zu besuchen. Sie wusste nicht, wie sie mich im *Tora*-Gefängnis finden konnte. Ihr stellte es sich als eine von außen unzugängliche weitläufige und undurchschaubare Gefängnisstadt dar, die innerhalb dieses in seinem aktuellen Zustand grotesken Landes eine noch groteskere Gegenwelt bildete. Doch sie wusste, dass ich jeden Vormittag im Hauptquartier der Staatssicherheit war. Dort kam sie hin, obwohl wir selten miteinander sprechen konnten.

Ich konnte immer nur einen Blick auf sie erhaschen, wenn Abouelkassem gerade in das Zimmer trat, in dem sie wartete. Wenigstens waren meine Sorgen um ihre Sicherheit geschwunden, seit ich Schönburg von den Drohungen des Staatsanwaltes erzählt hatte. Der Vorfall war jetzt aktenkundig.

Eines Tages, als das Verhör zu Ende war, nahm mich Abouelkassem im Gang beiseite. Er sah mich mitleidig an, öffnete eine Tür und winkte Lisa, die in dem Zimmer dahinter an einem Tisch gesessen hatte, zu uns auf den Gang heraus. Sie umarmte mich. »Ich habe leider keine guten Nachrichten«, sagte sie dabei. Sie flüsterte mir das ins Ohr, aber offenbar nicht, weil es unter uns beiden bleiben sollte, sondern weil sie in diesem Moment keine Kraft hatte, lauter zu sprechen. »Sie sagen, dass du 45 Jahre kriegst, wenn du so weitermachst«, sagte sie. »Er sagt, du kooperierst nicht.«

»Der Staatsanwalt will, dass ich Protokolle unterschreibe, ohne sie gelesen zu haben«, sagte ich. »Vermutlich gebe ich darin zu, ein israelischer Spion oder Terrorist zu sein.«

Ich wusste, welche Strafe in Ägypten auf Spionage und Terrorismus stand. Sie war härter als 45 Jahre Haft. Ich würde nach dem Urteil die Gefängnislumpen in Rot tragen, die Farbe der Todeskandidaten. Nach außen drang nie viel über Hinrichtungen in Ägypten durch, aber ich hatte genug darüber gehört. Ich wusste auch, was die häufigste Hinrichtungsmethode in Ägypten war. Der Tod durch Erhängen. Das alles sagte ich Lisa nicht. Es hätte sie nur verängstigt.

»Dann weiß ich nicht, was wir tun können«, sagte Lisa.

Abouelkassem presste seinen Zeigefinger an seine Lippen. »Schhh«, machte er. Er nahm uns an den Armen und zog uns in das Nebenzimmer.

Ich hatte endlich Gelegenheit, ohne Zeugen von der Staatssicherheit mit ihm zu sprechen. Ich erklärte ihm als erstes, dass tatsächlich alle Vorwürfe gegen uns erfunden waren. Er schien mir zu glauben. Wir vereinbarten, dass er jedes Schriftstück, das mir Nagib vorlegte, gründlich lesen würde. Außerdem einigten wir uns darauf, dass ich fortan jede Frage zuerst auf Englisch und dann erst auf Deutsch beantworten würde. Abouelkassem sprach Englisch, der Dolmetscher jedoch nicht. Auf die Art konnten wir den Dolmetscher kontrollieren.

Am nächsten Tag wieder die gleiche Prozedur. Käfig, stundenlang in der Scheiße stehen, nach oben fahren, in Nagibs Büro Platz nehmen. Manchmal fragte ich mich, was geschehen wäre, wenn ich ein Mensch ohne militärischen Ausbildungen, ohne Überlebenstraining und ohne Erfahrungen von meinen Einsätzen beim Militär gewesen wäre. Wie lange hätte ich durchgehalten?

»Was war ihr Auftrag?«, lautete auch an diesem Tag die erste Frage des Staatsanwaltes.

»Eine italienischen Reederei hat mich beauftragt, eines ihrer Schiffe, registriert unter dem Namen Four Smile, das am 4. November 2011 die Erlaubnis bekommen hat, in Port Suez zu ankern, als Sicherheitsbeauftragter zu begleiten.«

Wie mit Abouelkassem vereinbart, sagte ich das zuerst auf Englisch, dann auf Deutsch. Der Nagib rümpfte die Nase und beäugte mich argwöhnisch. Der fette, schmierige Dolmetscher erkannte die Falle nicht. Bereits nach wenigen Sätzen schüttelte Abouelkassem den Kopf. Ich konnte es kaum glauben. Er unterbrach den Dolmetscher sogar. Der Staatsanwalt stierte Abouelkassem wütend an, sagte aber nichts.

Als das Verhör zu Ende war, blieb ich vor der offenen Tür stehen und sah ins Büro. Nagib streckte dem Dolmetscher ein Bündel Geldscheine entgegen. Der griff es sich hastig mit seinen fetten, schmutzigen Fingern. Er steckte das Geld ein, ohne es nachzuzählen, und gab dem Staatsanwalt die Hand.

Offensichtlicher ging es wirklich nicht. Ich hatte jedenfalls genug gesehen. Jeder Zweifel, den ich bis jetzt vielleicht noch an meiner eigenen Einschätzung der Situation gehegt hatte, verflog. Hier ging es nicht um Wahrheitsfindung. Nagib wollte Karl und mich fertigmachen. Bloß warum?

Wenige Tage später rief mich ein Wärter von meiner Betonbank zur Zellentür. »Embassy«, sagte er knapp und schloss auf.

Ich erwartete, dass mir wieder nur wenige Minuten Zeit bleiben würden, um Schönburg die wichtigsten Informationen zu geben. Deshalb hatte ich mir sorgfältig zurechtgelegt, was ich ihm sagen würde. Doch als ich den Besucherraum betrat, stand dort ein mir unbekannter Mann.

Er war älter als Schönburg. Seine Haare waren bereits grau und er stellte sich als Johannes Mailath vor. Er wirkte abweisend, als er mir flüchtig die Hand gab. Er benahm sich, als hätte er es tatsächlich mit einem Verbrecher zu tun. So hörte er sich auch an. »Ich habe mit dem Staatsanwalt gesprochen«, sagte er. »Ihre Geschichte scheint mir nicht recht schlüssig zu sein.«

Darauf war ich nicht vorbereitet. »Sie glauben diese Vorwürfe doch nicht etwa?«, sagte ich. Ich spürte, dass meine Stimme vor Wut bebte. »Zuerst muss ich tagelang warten, bis sich jemanden von Ihnen blicken lässt, dann muss ich mir selbst etwas zu essen organisieren und jetzt werfen Sie mir vor, ein Verbrecher zu sein? Ein Waffenschmuggler? Ein Spion? Ein Terrorist? Im Ernst?« Mein rechtes Auge zuckte.

Mailath zog eine Grimasse. Eine seiner Hände lag auf dem Tisch und er trommelte langsam mit den Fingern auf die Platte. »Wissen Sie, wie viel die Arbeit der Botschaft wie unserer hier in Kairo die österreichischen Steuerzahler kostet?«, fragte er.

Ich verstand nicht, worauf er hinaus wollte.

»Vielleicht sollten Sie diese Kosten übernehmen, wenn Sie mit unserer Leistung unzufrieden sind«, sagte er. »Seien Sie froh, dass wir überhaupt etwas tun.«

Ich hätte ihm gerne eine verpasst, verkniff mir aber jegliche Regung. Einen Moment lang war es still. Nur die gedämpften Geräusche des Gefängnisbetriebs waren zu hören. Von weit her drang ein Schrei zu uns, dann folgte Gelächter. Ich atmete tief ein. Dann sah ich Mailath direkt in die Augen. »Ich habe der Republik lange gedient«, sagte ich. Meine Stimme war wieder ruhig. »Ich war als Berufssoldat im Ausland. Ich habe an zahlreichen Katastropheneinsätzen teilgenommen.«

Mailath stutzte. Anscheinend hatte er mich wirklich für einen Berufskriminellen gehalten.

»Danach war ich bei der Polizei. Jahrelang. Bitte überprüfen Sie das.«

Er hörte auf, mit den Fingern auf den Tisch zu trommeln.

»Mir wird hier übel mitgespielt«, sagte ich. »Die Vorwürfe des Staatsanwaltes gegen mich sind haltlos. Meine Aussagen und damit meine Unschuld lassen sich detailliert belegen. Bloß brauche ich Ihre Hilfe. Ohne Sie komme ich aus dieser Sache nicht mehr heraus.«

Mailath beugte sich vor. Er sah jetzt nachdenklich aus. Die Feindseligkeit war aus seinem Blick gewichen. Er nickte langsam. »Ich sehe mir Ihren Fall noch einmal genauer an«, sagte er. »Was ich sofort für Sie tun kann, ist Geld für Sie einzuzahlen. Sie bekommen bei der Gefängnisleitung dafür Gutscheine. Ich weiß nicht, was Sie dafür kaufen können, aber für etwas werden sie ja wohl gut sein.«

Es war, als würde sich ein Knoten in mir lösen. Ich war unglaublich erleichtert. »Danke«, sagte ich.

Als ich in die Zelle zurückkam, war es dort ruhiger als sonst. Die Häftlinge schienen nervös zu sein. Alle behielten die Zellentür im Blick. Ich setzte mich zu Karl. »Was ist hier los?«, fragte ich ihn. »Stimmt etwas nicht?«

Karl sah besorgt aus. »Amar meint, dass eine Zellendurchsuchung ansteht. Er hat das von einem anderen Häftling gehört.«

»Ist das so schlimm?«

Karl zuckte mit den Achseln.

Ich konnte die Stiefel der Wärter hören, als sie im Schnellschritt den Gang entlang kamen. Einer von ihnen stieß die Tür auf und schrie etwas. Binnen weniger Sekunden brach völliges Chaos aus. Unter ständigem Geschrei prügelten die Wärter unsere Mithäftlinge zur Tür, traten sie und spuckten sie an. Karl und ich nahmen Amar in unsere Mitte und drängten uns selbst bis zur Tür durch. Die Wärter hatten nach wie vor zu großen Respekt vor uns, um auch uns körperlich zu attackieren.

Draußen vor der Zelle standen noch mehr Wärter. Als alle Häftlinge am Gang waren, mussten wir uns in zwei Reihen aufstellen. Dann durften wir zusehen, wie die Wärter die Zelle auseinander nahmen. Sie zerfetztes Kissen, zerrissen Bücher und Magazine oder rissen Konservendosen auf und kippten ihren Inhalt einfach auf die Betonbänke. Es mussten etwa 15 Beamten sein, die sich an dem wenigen Hab und Gut, das wir Häftlinge besaßen, vergriffen. Amar senkte seine Stimme zu einem Flüstern. »They get 50 pounds for each phone they find«, sagte er.

Die Wärter befahlen einem der Häftlinge, vorzutreten. Sie schrien ihn zu dritt an und schlugen ihn immer wieder mit ihren Schlagstöcken. Laut Amar wollten sie von ihm wissen, ob und wo in der Zelle Telefone versteckt seien. Als sie mit ihm fertig waren, ließen sie den jetzt lädierten Mann zurück in die Reihe hinken und deuteten auf den nächsten.

So ging es fast viereinhalb Stunden lang, während die übrigen Wärter die Zelle weiter verwüsteten. Trotz der fünfzig

Pfund Belohnung schienen sie gar nicht so sehr nach Handys zu suchen. In erster Linie ging es ihnen bei der Aktion offenbar darum, die Häftlinge auch ihrer erlaubten Sachen zu berauben.

Für sie hatte, was so martialisch aussah, einen pragmatischen ökonomischen Hintergrund. Das Monatseinkommen so eines Wärters lag bei rund 400 Pfund, hatte mir Amar erzählt. Eine Stange Zigaretten kostete in Ägypten 200 Pfund und ein Glas Löskaffee je nach Qualität etwa 60 Pfund. Da waren für die Wärter auch die wenigen Habseligkeiten der Häftlinge interessant.

Häftlinge hatten zum Beispiel warme Kleider für den Winter oder kurze Hosen für den Sommer, wofür ihre Familien ein Vermögen bezahlen mussten, um sie ins Gefängnis bringen zu dürfen. Sie hatten Plastikbecher und Plastiklöffel oder sogar billige Armbanduhren. Das alles sowie die besseren von den Lebensmitteln steckten die Wärter bei der Durchsuchung ein.

Schließlich blies einer von ihnen in eine Pfeife, die er um den Hals hängen hatte. Mit seinen Kollegen verließ er die Zelle und wir konnten wieder hinein. Abermals wollten Karl und ich Amar in die Mitte nehmen, um ihn vor Schlägen zu schützen. Doch er winkte ab. Das würde es beim nächsten Mal nur schlimmer machen, sagte er.

Genauso schnell, wie sie gekommen waren, verschwanden die Wärter. Ratlos standen wir vor einem undefinierbaren Haufen kaputter Sachen.

13

Die Tage schienen inzwischen immer schneller zu vergehen und miteinander zu verschwimmen. Mir fiel es zunehmend schwer, mein Zeitgefühl zu bewahren. War es Mittwoch? Oder schon Freitag?

Bei den Verhören begriff ich allmählich, worum es dem Staatsanwalt ging. Die Sache war im Grunde banal. Er war relativ jung und eitel. Weder persönliche noch vom Justizsystem vorgegebene ethische Maßstäbe beschränkten ihn bei der Nutzung der Machtfülle seines Amtes. Er wollte glänzen wie seine Anzüge. Er wollte wichtig sein und Karriere machen, und zwei israelischen Spionen oder Terroristen den Prozess zu machen, passte da in seinen Plan.

Durch den Kontakt, den Lisa zu Amars Familie aufgebaut hatte, bekamen wir nun nicht nur einmal wöchentlich Essen, wir konnten auch Briefe austauschen. Das Geld der Botschaft verbesserte ebenfalls unseren Lebensstandard. Damit konnte ich zum Beispiel Wäsche waschen lassen, was mir wichtig war. Verdreckte, stinkende Sachen am Körper zu tragen, war mir ein Ekel. Selbst war ich kaum in der Lage, sie zu waschen. Ich hatte keinen Eimer und kein Waschmittel, nur das Wasser. Doch unter den Häftlingen gab es welche, die sich darauf spezialisiert hatten. Ihre Familien brachten ihnen Eimer und Waschmittel, womit sie ihr Geschäftsmodell betrieben.

Mein Wäscher hatte drei Frauen und geschätzte zwanzig Kinder. Jede Woche kam eine andere Frau, um ihm seine Sachen zu bringen und nahm die Zigaretten mit, die er in der vergangenen Woche im Gefängnis mit Wäschewaschen verdient hatte. Am Ausgang gab es einen Stand, bei dem die Frauen die Zigaretten zu Geld machen konnten.

Ich kaufte mir nun endlich drei dicke Filzdecken, einen Schlafsack, einen Wasserkocher und etwas weiße Kleidung.

Selbst an die nächtlichen Gebete gewöhnte ich mich, soweit es möglich war, sich an etwa achtzig zwischen 3 und 5 Uhr früh morgens im Chor schreiende Menschen zu gewöhnen. Ich wachte zwar noch auf von ihrem *Allahu akbar*, erschrak aber nicht mehr darüber.

Gegen Ende November veränderte sich das Verhalten der Wärter uns gegenüber. Hatten sie bis dahin immer einen Respektabstand gehalten, gingen sie nun offensiver vor. Sie schrien Karl und mich manchmal an und schraken nicht mehr vor uns zurück. Amar meinte, wir sollten unsere Bänke besser beaufsichtigen, sie würden etwas im Schilde führen.

Ich ahnte, worum es ging. Von unserem Anwalt wusste ich, dass nach spätestens 45 Tagen ein Richter jede Untersuchungshaft prüfen musste. Die Haft wurde nach dieser Überprüfung verlängert oder aufgehoben. Wenn es kein Delikt gab, das uns der Staatsanwalt nachweisen konnte, würde er über Mittelsmänner und deren Mittelsmänner vielleicht künstliche Beweise zu schaffen versuchen.

Als ich nach meiner Rückkehr von einem Verhör einen Ägypter, den ich noch nie gesehen hatte, bei unseren Betonbänken stehen sah, war ich deshalb alarmiert. Mir fiel auf, dass er einen tiefen Schnitt im Gesicht hatte. Ich wusste, dass die Insassen der Blöcke mit den Schwerverbrechern sich gegenseitig für verräterisches Verhalten bestraften. Wenn einer von ihnen Informationen an die Wärter weitergab, schnitten sie ihm mit einer Rasierklinge ins Gesicht und gossen kochendes Öl mit Zucker auf die Wunde. So brandmarkten sie Verräter. Ebenso verfuhren sie mit Häftlingen, die sie bestahlen.

Die wenigen Habseligkeiten, die ich inzwischen besaß, befanden sich in Schachteln und in einem alten Rucksack, den ich ebenfalls mit dem Geld der Botschaft gekauft hatte. Der Ägypter schloss gerade eine meiner Schachteln, als ich ihn am Kragen packte. Ich warf ihn zu Boden und rief Karl. Der stürmte heran und kniete sich auf ihn.

Der Ägypter jammerte kläglich. Ich öffnete die Schachtel und sah darin ein kleines Päckchen, das mir nicht gehörte. Es roch nach Haschisch.

Ich packte den Ägypter und zerrte ihn mit Karls Hilfe in den Waschraum. Niemand beachtete uns. Gewalt unter Häftlingen war auch in unserem Block alltäglich. Bei uns beschränkte sie sich aber auf Prügeleien.

Im Waschraum warf ich den Ägypter an die Wand. Er sah erbärmlich aus. Die schlecht verheilte Wunde verunstaltete sein Gesicht und seine fettigen, drahtigen Haare fielen ihm schon aus. Fast hätte ich Mitleid mit ihm gehabt, aber ich konnte jetzt keine Milde zeigen. »Talk!«, sagte ich.

Er schüttelte nur den Kopf und presste wie wild die Lippen aufeinander. Ich verpasste ihm gedämpfte Fausthiebe in die Rippen und in den Bauch, bis er nachgab. Er gab uns zu verstehen, dass der Chef des Gefängnisses ihm persönlich den Auftrag erteilt hatte, uns Haschisch unterzujubeln. »Jetzt reicht es«, sagte ich zu Karl.

Ich packte den Ägypter wieder am Kragen und schleifte ihn zur Zellentür. Karl schlug gegen die Gitterstäbe, bis ein Wärter kam. »Chief of Investigation! Chief of Investigation!«, schrie ich.

Der Wärter sah uns entgeistert an, öffnete aber schließlich die Tür und führte uns zu einem Büro.

Der *Chief of Investigation* war nach dem Gefängnisleiter die höchste Instanz in *Ambra Azsah*. Er stand vor seinem

Schreibtisch, als ich den vernarbten, wimmernden Ägypter vor ihn hin schleuderte. Dabei öffnete ich meine linke Hand, hielt ihm das Haschisch-Päckchen hin und zeigte mit der rechten auf den am Boden kauernden Mann.

Der *Chief of Investigation* nahm das Päckchen und roch daran. Ich hätte dem Mann, der vermutlich dazu gezwungen worden war, uns das Haschisch unterzujubeln, eine Pause gegönnt. Er war ein armes Schwein, aber für Karl und mich ging es hier um das blanke Überleben. Der *Chief of Investigation* fing unverzüglich an, auf ihn einzuschlagen.

Noch bevor Karl und ich wieder bei der Zelle waren, konnten wir die Wärter hören. Eine neuerliche Zellendurchsuchung. Wie beim letzten Mal hatten sie uns ausgesperrt. Vor der Zellentür blieben wir stehen und sahen zu.

Mehrere Beamte nahmen gezielt Karls und meine Sachen auseinander. Sie durchwühlten alles. Eine Tontasse, die ich mühsam ertauscht hatte, flog quer durch den Raum und zerschellte am Boden. »Ihr beschissenen Wichser!«, schrie ich. Ich rüttelte an den Gitterstäben, diesmal von außen, doch niemand schenkte mir Beachtung.

Karl griff sich an den Kopf. »Ich glaube das alles nicht«, sagte er. Er setzte sich resigniert auf den Boden.

Die Wärter tranken inzwischen die Wasserflaschen aus, die ich gekauft hatte. Einer von ihnen steckte meine Zigaretten ein. Als ich sah, wie einer sogar meine Familienfotos nahm, hämmerte ich wieder gegen die Stäbe. Er sah nicht einmal auf.

Dass der Zeitpunkt der Durchsuchung kein Zufall war, stand fest. Wir hatten immerhin richtig und rasch gehandelt, sonst wären wir wegen Drogenbesitzes dran gewesen. Ein schwacher Trost. Nachdem die Wärter fertig waren, sperrten sie die Zellentür auf und winkten uns hinein. Im Vorbeigehen grinste mich einer von ihnen hämisch an.

14

Am darauffolgenden Tag verlief das Verhör anders. Diesmal drehte sich alles um unsere Ausrüstung. »Was ist das?«, fragte der Staatsanwalt. Er stellte mein Satellitentelefon vor mich hin.

Ich erklärte ihm, worum es sich handelte. So gut ich konnte setzte ich ihm die Funktionsweise so eines Telefons und seine Vorteile bei einem Sicherheitsauftrag wie dem Schutz eines Schiffes vor Piraten auseinander. Nach meiner Erklärung sah er mich mit zusammengekniffenen Augen an. »Also ist es ein Spionagegerät«, sagte er.

Ich schüttelte den Kopf. »Nein, es ist kein Spionagegerät.«

Nagib schlug mit der flachen Hand auf den Tisch. »Was erzählt so ein Satellit, wenn Sie ihn anrufen?«

Ich erklärte ihm, dass ein Satellitentelefon nicht dazu diente, Satelliten anzurufen, sondern dazu, über Satelliten Menschen anzurufen. Dass es im Grunde ein Handy mit dem gleichen Zweck war, den alle anderen Handys auch hatten, dass es bloß einen anderen technischen Hintergrund hatte.

Nagib ließ das Thema daraufhin ruhen, wohl weil es ihm zu hoch war. »Warum haben Sie Waffen mitgeführt, die als Scharfschützengewehre eingetragen sind?«, fragte er.

Zum ersten Mal seit langem witterte ich wieder eine kleine Chance, dass es sich hier doch nur um ein Missverständnis handeln könnte. »Das sind Karabiner aus dem Produktionsjahr 1938, keine Scharfschützengewehre«, sagte ich. »Sie sind auch nicht als Scharfschützengewehre eingetragen. Die Marke heißt Mosin-Nagant und stammt aus Russland. Es handelt sich um alte Repetiergewehre.«

Nagib winkte ab und sagte auf Arabisch etwas in abfälligem Ton. Das Verhör war beendet.

Von nun an drehten sich alle Verhöre um unsere Ausrüstung. Wieder stellte Nagib immer die gleichen Fragen und Karl und ich gaben immer die gleichen Antworten. Bis zum 24. Dezember ging das so.

Am 24. Dezember dauerte das Verhör zehn Stunden lang, von 10 Uhr vormittags bis 8 Uhr abends. Ich hatte das Gefühl, die Fragen inzwischen hunderte Male beantwortet zu haben und sie auch an diesem Tag hunderte Male zu beantworten. Als das Verhör vorbei war, stand der schmierige Dolmetscher auf und wandte sich an mich. »Der Staatsanwalt möchte nicht mehr mit Ihnen sprechen«, sagte er.

15

Spät am Abend des 24. Dezember kamen Karl und ich wieder in unserer Zelle an. Ich war müde. Nebenbei tastete ich meinen Brustkorb ab. Ich hatte stark abgenommen. Ich war nicht eben schlank gewesen, doch jetzt war ich hager. Ich hatte etwa zwanzig Kilo verloren. Meine Gliedmaßen fühlten sich schwach und schwer an. Doch das spielte keine Rolle. Solange ich im Kopf klar war, würde ich auch die körperlichen Herausforderungen des Alltages in einem ägyptischen Gefängnis meistern. Diese Verbrecher würden mich jedenfalls nicht unterkriegen. Nicht mich.

Ich saß mit geballten Fäusten in Gedanken versunken auf meiner Betonbank, als sich Amar zu mir setzte. »My friend, you had visitors today«, sagte er.

»Do you know who it was?«

Er zuckte mit den Schultern. »Some Christians«, sagte er. »They will come tomorrow again.«

Irgendwelche Christen also. Ich nickte ihm zu und legte mich hin. In meinem Kopf war es düster. Visionen von endlosen Gefängnisgängen plagten mich, als ich die Augen schloss. Ein Gedanke schwebte an die Oberfläche meines Bewusstseins. Dass Nagib nicht mehr mit uns sprechen wollte, ließ sich auch als gutes Zeichen interpretieren. Vielleicht hatte die Vernunft gesiegt und er hatte endlich aufgegeben.

Der Gedanke war wohl naiv. Einen Hoffnungsschimmer bot er trotzdem. Vielleicht war ihm einfach der Aufwand zu groß geworden. Vielleicht reichte seine Machtfülle nicht aus, um Unschuldige anzuklagen. Vielleicht hatte er eingesehen, dass er gegen die Beweise, die unsere wahre

Geschichte belegten, vor Gericht keine Chance hatte. Vielleicht hatte die ägyptische Polizei inzwischen echte Terroristen oder Spione festgenommen, mit denen er sich im Sinne seiner Karriere besser inszenieren konnte als mit uns. Vielleicht hatten Karl und ich einfach lange genug durchgehalten. Manchmal brauchte ich solche Hoffnungsschimmer, auch wenn ich im Grunde wusste, dass es anders kommen würde.

Das Geschrei des Wärters weckte mich am nächsten Morgen. Ich stand auf und machte mich für die Fahrt bereit. Als eine halbe Stunde später die Zellentür aufging und der Wärter wie üblich Namen brüllte, trottete ich automatisch hinter den anderen Häftlingen, die zur Tür gingen, her. Doch an der Tür drückte mir der Wärter seinen Schlagstock auf die Brust. Er schüttelte den Kopf und zeigte zu meiner Bank.

Konnte es wahr sein? Tatsächlich ein Tag ohne Verhör? Ich fühlte mich fast, als wäre ich im Urlaub. Ich ging zu meiner Betonbank zurück und setzte mich. Etwa die Hälfte der Häftlinge war noch hier, die andere war unterwegs zum Käfig im Innenhof. Was eigentlich sollte ich den ganzen Tag mit mir anfangen?

Es gab keine Ordnung, keine Routinen im Gefängnisalltag. Wir Häftlinge waren die meiste Zeit uns selbst überlassen. An jedem Tag war eine Stunde lang die Zellentür offen. An diesem Tag nutzte ich sie, um mit Amar hinaus in den Hof zu gehen, von dem ich bisher nur gehört hatte.

Der Hof war eine der prallen Sonne ausgesetzte steinerne Wanne. An allen vier Seiten gab es Mauern und der Boden war betoniert. Am hinteren Ende des Hofes stand eine Gruppe von Häftlingen um einen einzelnen Mann. Sie schubsten und ohrfeigten ihn. »You see the small one?«, fragte Amar.

Er meinte den Rädelsführer der Gruppe, der auf das Opfer einredete. Er war kleingewachsen und sein Rücken war leicht gekrümmt. Er sah aus wie die Karikatur eines giftigen Arabers. Der bedrängte Ägypter kramte hastig in seinen Taschen und gab dem Kleinen eine Handvoll Zigaretten. Der verpasste ihm noch eine Ohrfeige und ließ ihn dann in Ruhe.

Amar erklärte mir die Situation. Die Wärter oder die Gefängnisleitung wählten unter den Häftlingen jeder Zelle einen Kapo. Diese Kapos waren in einer Gruppe jeweils leicht zu erkennen. Sie waren diejenigen, die sich wie richtige Drecksschweine verhielten. Sie bedrohten und erpressten ihre Mithäftlinge. Wer ihnen nicht gehorchte, den verprügelten die Wärter bei der nächsten Gelegenheit. »Wenn sich einer bei einer Schlägerei nicht wehrt«, sagte Amar, »dann kannst du davon ausgehen, dass sein Gegenüber der Zellenkapo ist.«

Die Hauptaufgabe der Kapos bestand nicht etwa darin, in den Zellen für Ruhe und Ordnung zu sorgen. Vielmehr sollten sie die Wärter über die Habseligkeiten der Häftlinge unterrichten. Außerdem mussten sie Zigaretten einsammeln und den Großteil davon den Wärtern abliefern. Sie kassierten auch den Fixbetrag an Zigaretten für die Müllentsorgung für die Wärter ein. Die Angehörigen der Häftlinge, die wussten, dass Zigaretten als Währung dienten, kauften den Wärtern die Zigaretten wieder ab. Auf die Art gab es einen ständigen Zigarettenkreislauf.

Mich hatte noch nie ein Kapo wegen einer der Zellensteuern in Zigarettenform behelligt. Vermutlich half es, einen Kopf größer als alle anderen zu sein. Außerdem ließ ich mich nicht einschüchtern. Selbst in meinem geschwächten Zustand hätte ich es jederzeit mit jedem Häftling hier aufgenommen, und was die Wärter betraf, setzte ich auf deren Zurückhaltung.

Ein schriller Pfeifton riss Amar und mich aus unserem Gespräch. Die Stunde Ausgang im Hof war für heute vorbei.

Eine halbe Stunde später stand ich vor der Tür des Besucherzimmers. Darin saß eine Frau mittleren Alters in einem fast bodenlangen Kleid. »Ich bin Elke«, sagte sie. »Elke Schröder.«

Ich trat ein und setzte mich ihr gegenüber auf den Stuhl. »Hannes«, sagte ich.

Wir gaben uns die Hand.

Sie hatte graue Haare, die einst blond gewesen waren, und ein freundliches rundes Gesicht. »Ich komme von der evangelischen Gemeinde in Kairo«, sagte sie. »Wir haben von Ihrem Schicksal gehört. Deshalb wollte ich Ihnen einen Besuch abstatten.«

Ich musste mich beherrschen, um sie nicht einfach zu umarmen. Gerade eben hatte es noch so ausgesehen, als würde sich absolut niemand für das Verbrechen interessieren, das die ägyptische Justiz an Karl und mir beging. »Ich freue mich sehr über Ihren Besuch«, sagte ich. »Vielleicht sollten Sie aber wissen, dass ich Katholik bin.«

Sie lachte. »Das spielt doch wirklich keine Rolle«, sagte sie. »Vor dem Herrn sind wir alle gleich. Ich bin glücklich, Sie wohlauf zu sehen. Vor kurzem ist ein Österreicher in einem ägyptischen Gefängnis ums Leben gekommen. Herz-Kreislauf-Versagen stand in der Zeitung. Wir dachten schon, das seien Sie gewesen. Wir haben deshalb sogar unsere Suche nach Ihnen aufgegeben. Erst als sich herausgestellt hat, dass dieser Österreicher in Hurgada im Gefängnis saß, haben wir sie wieder aufgenommen.«

Ich hatte durch einen Häftling, der ebenfalls in Hurgada gesessen war, bevor er hier im *Tora*-Gefängnis gelandet war, von dem Fall gehört. Was genau in den Zeitungen gestanden hat, wusste Elke nicht mehr, doch der dort vermittelte Eindruck, dass der Mann an einem gesundheitlich bedingten Kollaps gestorben war, stimmte vermutlich nicht. So, wie ich es gehört hatte, war er Bodybuilder gewesen. Die ägyptische Polizei hatte ihn wegen Medikamenten, die er dabei hatte, des Drogenbesitzes bezichtigt und verhaftet. Wärter hatten ihn demnach so hart verprügelt, dass er gestorben war.

Elke nahm meine Hand und erzählte mir, dass ihre evangelische Gemeinde aus deutschen Staatsbürgern bestehe, dass sie auch nach Karl gesucht hätten, und dass sie uns Lebensmittel mitgebracht habe. »Ich kann auch den Briefverkehr für Sie übernehmen«, sagte sie.

Karl würde sie anschließend treffen. Es durften nie zwei oder mehr Häftlinge gemeinsam Besuch empfangen. Die Gefängnisleitung schätzte offenbar die Gefahr der Konspiration in so einem Fall als zu hoch ein.

Elke und ich redeten noch einige Minuten über Alltägliches. Es tat gut, sich mit einem Menschen auszutauschen, ohne über jedes Wort nachdenken zu müssen. »Ich habe noch eine Bitte«, sagte ich zum Abschluss. »Könnten Sie mir Bücher besorgen? Und Schreibutensilien. Das würde mir wirklich helfen.«

Sie nickte.

Schon den ganzen Dezember fegten Sandstürme über das Gefängnis hinweg. Jeder von ihnen erinnerte mich daran, dass uns nur Eisengitter von der Außenwelt trennten. Glasscheiben gab es nicht.

Die Sandstürme fegten durch die Zellen wie Dämonen, die alles verschlangen. Der Sand kroch überall hin. Wir wickelten uns wie Beduinen in unsere Decken und konnten kaum atmen. Weil es tagsüber meist heiß war und wir immer leicht schwitzten, waren wir danach mit einer Sandschicht überzogen, die wie Panade aussah.

Schon für normale, gesunde Menschen war das eine Belastung. Erst recht für die Kranken und für die Verwundeten, denn der Sand drang auch unter ihre Verbände und in ihre Wunden.

Elke brachte mir die Romane von Stig Larsson, *Vergeltung*, *Verdammnis* und *Vergebung*, die meine Lieblingsbücher wurden. Außerdem brachte sie mir das Schreibzeug, um das ich sie gebeten hatte. Meine Gedanken niederzuschreiben half mir, sie zu ordnen und einen kühlen Kopf zu bewahren.

Karl und ich waren im Umgang miteinander etwas wortkarg geworden. Wir hielten zusammen, doch da lag immer etwas in seinen Augen, wenn er mich ansah. Der stumme Vorwurf, dass ihm das ohne mich nie passiert wäre. Ein Vorwurf, der stimmte, und der nicht mehr stumm blieb, wenn es ihm besonders schlecht ging.

Ich verstand ihn jedes Mal und fühlte mich schuldig. Wenn ich die Wahl gehabt hätte, er oder ich, hätte ich ihn ohne Zögern gehen lassen und wäre selbst geblieben. Doch ich konnte nichts tun außer mir schwören, dass ich es eines Tages wieder gutmachen würde, sollte ich die Chance dazu bekommen.

An einem Tag im Jänner schrie ein Wärter meinen Namen. Ich ging zur Zellentür. »Go«, sagte er.

Ich folgte ihm durch die Gänge. Endlich, dachte ich. Ein Besuch der Botschaft war überfällig.

Umso größer war meine Verwunderung, als wir am Besucherraum vorbeigingen. Erst vor dem Büro der Gefängnisleitung machten wir halt. Zögernd trat ich ein. Erst jetzt bemerkte ich, dass auch Karl mitgekommen war.

Der *Chief of Investigation* baute sich vor uns auf. Er hielt einen Stapel Zettel in den Händen. In gebrochenem Englisch las er vor. »Im Namen des Staates Ägypten und Allahs, dem Herrn, wird gegen Hannes Führinger und Karl Leitner Anklage erhoben.«

Er hob den Kopf uns sah uns an. Wir standen nur stumm da. Er las die Anklagepunkte vor.

Erstens: Besitz von Schusswaffen.
Zweitens: Besitz von Munition.
Drittens: Besitz von Optiken.
Viertens: Zollvergehen.

Beinahe wäre ich zusammen gesackt. Karl ließ den Kopf hängen. Ich verstand auch die Anklagepunkte nicht. Der Besitz von Waffen und Munition war nach ägyptischem Recht nicht illegal, geschweige denn der von Optiken. Durch den Zoll waren wir nie gegangen. Nagib hatte offenbar wirklich beschlossen, uns ohne Rechtsbruch und Beweislage anzuklagen.

Ich musste in die Zelle zurück. Ich musste mich auf meine Betonbank legen und mich konzentrieren. Nicht auf meine Verteidigungsstrategie, sondern darauf, in diesem düsteren Alptraum meinen Lebenswillen zu bewahren.

16

Erst zwei Monate später, im Februar, waren Karls und mein Name wieder unter denen, die aufgerufen wurden. Diesmal brachte uns der Laster nach dem üblichen stundenlangen Warten im Käfig allerdings nicht zum Hauptquartier der Staatssicherheit, sondern zu einem Gerichtsgebäude. Auch hier mussten wir zuerst in den Keller.

Ich hatte es für unmöglich gehalten, dass ein Raum noch widerlicher sein konnte als jener im Keller des Hauptquartiers der Staatssicherheit. Ein Irrtum. Während der Verhöre hatten Karl und ich noch den schwarzen Humor gepflegt.

Schauen wir, wie hoch die Scheiße heute steht.

Heute stecken wir aber wieder ziemlich tief in der Scheiße.

Jetzt war uns nicht mehr nach Scherzen zumute. Denn der wesentliche Unterschied hier bestand darin, dass die Scheiße höher stand, als unsere Schuhe waren.

Ahmed Abouelkassem, unser Anwalt, hatte sich seit der Anklageerhebung nicht mehr bei uns blicken lassen und war auch für Lisa nicht mehr erreichbar gewesen. Ich wusste das, weil ich mir jetzt immer wieder Handys lieh, gegen Gebühren in Form von Zigaretten. Sie suchte einen neuen Anwalt, doch die meisten verlangten Anzahlungen im Bereich von 30.000 bis 50.000 Euro, die wir uns nicht leisten konnten. Ich versuchte, ruhig zu bleiben, während mir die Scheiße allmählich in die Schuhe lief.

Nach etwa zwei Stunden führten uns die Wärter in den Gerichtssaal. Der war schon dermaßen verdreckt, dass die Spur von Fäkalien, die Karl und ich hinter uns herzogen, niemandem auffiel. Der Raum war gut und gern 200 Quadratmeter groß. An einem Ende standen Zuschauerbänke, in denen rund 300 Menschen zum Richter blickten. Der hockte zwischen zwei Beisitzern hinter einem Pult.

Die Wärter sperrten uns gemeinsam mit anderen Häftlingen in einen Metallkäfig etwas abseits des Richterpults. Die Verhandlungen fingen an. Ein Gerichtsdiener, der eine Liste in den Händen hielt, rief einen Häftling nach dem anderen auf. Wer an der Reihe war, trat ans Gitter des Käfigs vor. Die Anwälte der Häftlinge gaben ihre Erklärung ab. Der Richter sah während der Erklärungen der Anwälte kein einziges Mal auf. Gelegentlich machte er sich mit gleichgültiger Miene Notizen, ansonsten unterhielt er sich mit seinen Beisitzern oder sah gelangweilt durch den Raum. Noch während die Anwälte sprachen, wedelte er jeweils mit der Hand. »Emschi«, sagte er dabei teilnahmslos. Ich kannte das Wort aus dem Gefängnis. Es bedeutete so viel wie »verpiss dich«.

Die Anwälte brachen ihre Erklärungen dann jeweils mitten im Satz ab und der Gerichtsdiener rief den nächsten Angeklagten auf. Ich sah mich im Publikum um. In den hinteren Reihen entdeckte ich einen Mann, den ich kannte. Mailath. Ich winkte ihm zu. Er sah es und nickte.

Schließlich rief der Gerichtsdiener meinen Namen. Ich sah, dass Nagib hinter dem Pult des Anklägers Platz genommen hatte. Ich trat vor. Kein Anwalt war für Karl und mich da. Ich sprach kein Arabisch, um selbst eine Erklärung abgeben zu können. Selbst wenn ich Arabisch gesprochen hätte, wäre niemand an meiner Geschichte interessiert gewesen. Im Publikum saß ein Mitarbeiter der Botschaft meines Heimatlandes, die nichts unternommen hatte, um mich aus dem Gefängnis zu holen, und wohl auch nichts mehr unternehmen würde. Als wäre das noch nicht genug, bemerkte ich eine kleine fette Gestalt, die sich neben mich stellte. Es war der Dolmetscher aus dem Büro des Staatsanwalts.

Einen Moment lang war mir das alles zu viel. Ich fürchtete, dass mir gleich schwarz vor den Augen werden würde.

Der Richter sah verärgert drein. Er redete und der Dolmetscher übersetzte. »Wo ist Ihr Anwalt?«, sagte er.

Ich hatte keine Kraft mehr. Ich zuckte nur mit den Schultern. »Keine Ahnung.«

Der Richter hob eine Augenbraue. »Dann wird Ihnen einer zugewiesen«, sagte er.

Nur das nicht, dachte ich. Auf keinen Fall wollte ich, dass eine weitere Marionette Nagibs meine Aussagen verzerrte und damit zu meiner Verurteilung beitrug. Mailath bedeutete mir von seinem Sitzplatz aus, abzulehnen. Er zeigte auf seine Uhr. Vielleicht verspätete sich mein Anwalt ja nur. Vielleicht war er jeden Moment da.

»Wir haben bereits einen Anwalt«, sagte ich. »Er wurde aufgehalten.«

Der Richter lauschte der Übersetzung des Dolmetschers. Sein Gesichtsausdruck war gleichermaßen angewidert wie verärgert. »Na gut«, sagte er. »Da kann man nichts machen. Wir müssen eben ohne Anwalt anfangen. Haben Sie die Anklage verstanden?«

Ich überlegte. Sollte ich mich dumm stellen? Ich entschied mich dagegen und konzentrierte mich darauf, die richtigen Worte zu finden. »Wir haben die Anklage verstanden«, sagte ich. »Wir sind in allen Anklagepunkten nicht schuldig.«

Dem Richter schien das zu reichen. Er machte sich Notizen. In diesem Moment konnte ich sehen, wie Lisa, gefolgt von einem untersetzten Mann in einem Anzug, in den Saal eilte. Der Mann musste unser Anwalt sein.

Sie wollten offenbar direkt zum Richter, doch der hob die rechte Hand und sagte zwei Sätze, worauf der Anwalt Lisa am Ärmel auf eine Bank zog. Sie setzten sich so nahe zu mir, wie sie konnten. »Wo seid ihr gewesen?«, sagte ich. »Ist das mein Anwalt? Ich war schon an der Reihe.«

Lisa schlug die Hand vor den Mund. »Wir waren im falschen Gericht«, sagte sie. »Der Anwalt hat eine falsche Vorladung bekommen.«

Wir unterhielten uns über mehrere Reihen von Ägyptern hinweg, die ebenfalls in angeregte Diskussionen mit Angeklagten im Käfig verwickelt waren. Doch ehe wir weitersprechen konnten, ergriff Nagib das Wort. Er sprang auf. Dabei hatte er ein Buch in der Hand. Als ich den Blick sah, mit dem er Karl und mich streifte, wusste ich endgültig, dass meine Hoffnung auf irgendeine Form von Objektivität und Gerechtigkeit naiv gewesen war. Nagibs Blick war voll Hass.

Der Richter erteilte ihm das Wort nicht, aber das hielt ihn nicht auf. Nagib fing einfach zu reden an. Der fette Dolmetscher, der sonst immer zufrieden grinste, sah jetzt ernst drein. »Was sagt er?«, fragte ich ihn.

Der Dolmetscher presste seinen schmierigen Zeigefinger auf seine Lippen. »Koran«, zischte er.

Ich begriff, dass das Buch, das Nagib bei seiner Rede in den Händen hielt, tatsächlich der Koran war. Er schien damit und mit seinen Worten die Wirkung zu erzielen, die er sich wünschte. Immer mehr Zuhörer erhoben sich, während Nagibs Stimme immer lauter wurde. Es war, als würde er sich in einen religiösen Wahn hineinsteigern.

Karl starrte Nagib ebenfalls an. In seinen Augen sah ich keine Angst, sondern bloße Fassungslosigkeit.

Etwa die Hälfte der Zuseher standen jetzt und schrien wüst in unsere Richtung. Ich suchte mit den Blicken nach Lisa, konnte aber auch sie nicht finden. Die Situation drohte zu eskalieren und ich konnte nur hoffen, dass sie den Gerichtssaal verlassen hatte.

Nagib machte eine rhetorische Pause. Er legte den Koran zur Seite und stützte sich mit beiden Händen am Pult ab. Die Menge tobte, während er tief einatmete, und sich unversehens auf seinen Pult schwang. Da oben stehend richtete er seinen Zeigefinger auf uns und schrie wie in Extase ein paar Worte in den Saal. Der Dolmetscher übersetzte diesmal stockend und sichtlich nervös, aber fast zeitgleich für uns.

»Nur dank Allahs Hilfe konnten wir den vom Teufel besessenen ersten Angeklagten sowie den von Dämonen besessenen zweiten Angeklagten festnehmen«, schrie Nagib. »Allahs endloser Weisheit und seinem Erbarmen ist es zu verdanken, dass die glorreiche ägyptische Polizei diese israelischen Spione und Mörder aufhalten konnte!« Beim Wort »Mörder« überschlug sich seine Stimme.

Die Zuhörer sprangen auf ihre Bänke.

Mitten aus dem arabischen Geschrei lösten sich deutsche Worte. »Kommen Sie. Raus aus dem Gerichtssaal!«

Es war Mailath. Er hatte das zu Lisa gesagt. Ich sah die beiden inmitten der wütenden Menge. Mailath hatte einen Arm um sie gelegt und lotste sie zum Ausgang. Einige Ägypter verpassten ihm dabei Schläge auf den Rücken. Ich stand da, in meinem Käfig, und konnte nichts tun als meiner Frau dabei zuzusehen, wie sie um ihr Leben rannte.

Ich konnte es nicht hören, aber der Richter vertagte die Verhandlung offenbar, denn die Wärter zerrten uns aus dem Käfig und brachten uns wieder in die Zelle im Keller. Ich konnte gerade noch sehen, wie Mailath und Lisa aus dem Gerichtssaal rannten.

Die nächste Gruppe von Angeklagten kam uns schon entgegen, als wir nach unten gingen. Wir standen wieder knöcheltief in der Scheiße, bis tief in der Nacht.

17

Während ich im Gefängnis auf den nächsten Prozesstag wartete, bekam ich wieder Besuch von der Botschaft. Mailath saß im Besucherraum mit einem Korb voll Obst, einem Karton mit Eiern und einigen anderen Lebensmitteln. »Ich habe gehört, was passiert ist«, sagte er. Er schien mich ehrlich zu bedauern.

Ich starrte nur vor mich hin. Was sollte ich sagen? Ich hatte inzwischen von einem ähnlichen Fall gehört. Ein britischer Sicherheitsbeamter war genau wie ich während des Transits fälschlich wegen illegalen Waffenbesitzes festgenommen worden. Die britische Botschaft hatte ihn binnen drei Monaten aus seiner misslichen Situation befreit. Zu einer Anklage war es nie gekommen.

»Sie brauchen sich keine Sorgen zu machen«, sagte Mailath. »Die haben mit ihrer Anklage keine Chance. Halten Sie einfach durch.«

Beschwichtigungen und Beruhigungen. Dafür war die Botschaft von Anfang an gut gewesen. Bloß war alles immer schlimmer gekommen. Ich konnte mir ein trockenes Lachen nicht verkneifen. »Was tun Sie?«, sagte ich. »Mit mir das Beste hoffen?«

Mailath schwieg. Er trommelte mit den Fingern auf den Tisch. Schließlich räusperte er sich. »Wir können in ein laufendes Verfahren nicht eingreifen«, sagte er. »Es tut mir leid.«

»Danke für Ihren Besuch«, sagte ich.

Ich nahm meine Lebensmittel und verließ den Raum.

Den ganzen restlichen Tag über wollte ich mich nicht mehr mit meiner aussichtslosen Situation befassen. Ich hatte mir angewöhnt, als Mittel dagegen zu lesen. Ich las alle Bücher, die ich von der evangelischen Gemeinde und von Lisa bekommen konnte.

Die frischen Lebensmittel, die mir Mailath mitgebracht hatte, hielten nicht lange. Über Nacht fraßen die Insekten sie auf, von denen es in der Zelle nur so wimmelte. Bananen, Gurken, Tomaten, Blattsalat, fast alles war am nächsten Morgen weg. Die Kakerlaken waren hier zwar schon immer nachts über meinen ganzen Körper gekrabbelt, aber ich hatte nicht daran gedacht, dass sie jegliche frischen Lebensmittel sofort vertilgen würden.

Vermutlich hätte auch die beste Verpackung nichts genutzt, denn vor den großen, fetten Ratten, die nachts durch die Zelle huschten, hatten sogar die Katzen Angst, von denen es auch eine Menge gab. Manchmal kam es mir vor, als würden die Ratten nur darauf warten, dass einer von uns starb. Dann würden sie die Leiche innerhalb weniger Minuten verschlingen und nur die abgenagten Knochen zurücklassen.

Etwa eine Woche verging bis zum nächsten Prozesstag. Ich nahm den Gestank und das Gedränge in der unterirdischen Wartezelle diesmal phlegmatisch hin. Es hätte keinen Unterschied gemacht, wenn ich mich darüber aufgeregt hätte. Karl schien es ähnlich zu gehen. Sein Gesichtsausdruck war leer.

Als der Gerichtsdiener diesmal unsere Namen aufrief, bemerkte ich im Saal Nagib, der jetzt die Anklage gegen mich führte. Er beobachtete jede meiner Bewegungen. Er sah nicht mehr aus wie eine Eule, sondern wie ein Raubvogel, der nur darauf wartete, zuzuschlagen.

Der Richter erteilte ihm das Wort.

»Mir liegt ein Bericht des Geheimdienstes vor, der eindeutig belegt, dass diese Männer, diese Ausländer, vorsätzlich Waffen geschmuggelt haben«, sagte Nagib. Er zeigte auf mich. »Er besitzt sechs verschiedene Reisepässe und hatte bereits zahlreiche Aufträge in Afrika und im mittleren Osten. Das hat er während der Verhöre zu verschweigen versucht. Die Angeklagten sind offensichtlich mit dem Ziel in unser Land gekommen, unschuldige Ägypter zu töten.«

Diesmal war mein Anwalt anwesend. Anscheinend hatte Lisa ihn gut vorbereitet, denn er legte sofort los, als der Richter ihm das Wort erteilte. »Die Anklage entspricht nicht der Faktenlage«, sagte er. »Der Bericht des Geheimdienstes, wonach einer meiner Mandanten sechs Reisepässe haben soll, ist falsch. Ich beantrage die Vorladung des Verfassers des Berichts, um ihn zu befragen, woher diese falschen Informationen kommen. Auch dass meine Mandanten Waffen geschmuggelt haben sollen, ist falsch. Der Transport war genehmigt und meine Mandanten haben alle notwendigen Bewilligungen dafür eingeholt.«

Es war ein merkwürdiges Gefühl. Da stand ein Mann im Gerichtssaal, der mich offenbar ernsthaft zu verteidigen versuchte. Ich konnte es kaum glauben.

»Legen Sie mir entsprechende Dokumente vor«, sagte der Richter. »Bis das Gegenteil bewiesen ist, verlasse ich mich auf den Bericht des Geheimdienstes. Der Prozess ist vertagt.«

Mein Anwalt zögerte.

Der Richter sah ihn an. »Emschi«, sagte er.

Lisa kämpfte sich durch die Menschenmenge so nahe wie möglich an den Käfig heran. »Wir kriegen eine Bestätigung für den Waffentransport von der Lufthansa«, sagte sie. »Ich habe mich schon darum bemüht. Die Botschaft wird dir bescheinigen, dass du nur einen einzigen Pass besitzt, und zwar den österreichischen. Wir kriegen das hin.«

Ich fühlte tief in mir eine seltsame Gleichgültigkeit. Ich war bereit, mich meinem Schicksal zu ergeben. Doch gleichzeitig begriff ich, was das bedeutete. Auf diese Art würde ich vielleicht nie wieder nach Österreich heimkehren. Was war nur mit mir geschehen? So konnte es nicht weitergehen. Ich musste mich zusammenreißen.

18

Bis zum nächsten Prozesstag vergingen Wochen. Es wurde Frühling. Diesmal kam mir die Verzögerung zugute. Sie verschaffte Lisa genug Zeit, schriftliche Beweise für meine Unschuld zu sammeln. Ich lieh mir weiterhin ab und zu ein Telefon. Von Zigaretten in Geld umgerechnet kostete mich das jeweils 80 bis 100 Pfund. Das war für ägyptische Verhältnisse eine hohe Summe, doch angesichts des Risikos, das Häftlinge mit dem Besitz eines Telefons eingingen, war der Preis gerechtfertigt.

In meinem Kopf ging ich für den nächsten Prozesstag alles genau durch. Ich würde kämpfen. Was hatte ich mir nur dabei gedacht, so leichtfertig mit der Resignation zu kokettieren?

Mein Großvater fiel mir ein. Ich musste schon bisher in schwierigen Situationen an ihn denken, zum Beispiel, wenn mich während meiner Militärausbildung ein Zwanzig-Kilometer-Marsch mit schwerem Gepäck zu überfordern drohte. Dann fiel mir eine Geschichte aus dem Zweiten Weltkrieg ein, die er mir einmal erzählt hatte.

Er war damals Teil eines deutschen Stoßtrupps gewesen. Im tiefen russischen Winter hatte ein Gefecht mit einer russischen Einheit seinen Trupp aufgerieben und er war ohne Munition einem russischen Soldaten gegenüber gestanden, mitten im anhaltenden russischen Geschützfeuer. Der Soldat bot ihm eine Zigarette an, und er rauchte sie stumm.

Danach ging der Russe weg, doch nach wenigen Schritten drehte er sich um und warf meinem Großvater eine Handgranate hin, die ihm eine Arschbacke halb zerfetzte. Als der Soldat sah, dass mein Großvater noch lebte, griff er nach seinem Gewehr, doch eins der russischen Geschütze schoss den Wipfel einer Tanne herunter, der ihn erschlug.

Mein Großvater war mit seiner zerfetzten Arschbacke und ohne Munition der eisigen russischen Nacht ausgesetzt. An seiner Seite waren zwei Soldaten aus seinem Trupp, von dem einer einen Oberschenkeldurchschuss hatte. Eine Lage, in der er sich zusammenrollen und erfrieren hätte können, doch das tat er nicht. Gemeinsam mit seinen Kollegen schaffte er den 24 Kilometer langen Weg zurück zu seiner Einheit.

Und ich? Ich saß bloß in einem ägyptischen Gefängnis. Ich fragte mich, was mein Großvater von mir gedacht hätte, wenn er gewusst hätte, wie nahe ich schon am Aufgeben gewesen war.

19

Die Lufthansa übermittelte unserem Anwalt eine Bestätigung der Legalität des Waffentransports und der Richtigkeit aller meiner Angaben. Die österreichische Botschaft hielt ihr Versprechen und bestätigte mit einem Bescheid, dass ich lediglich einen Reisepass besaß.

Als uns die Wärter am nächsten Verhandlungstag aus dem Keller zu dem Käfig im Gerichtssaals führten, sah ich, wie eine Frau, deren pechschwarze Haare unter einem Kopftuch hervorlugten, einem Wärter zwanzig Pfund zusteckte. Sie hielt einen großen, prall gefüllten Beutel in der Hand. Ihr Blick kreuzte meinen, doch ich tat so, als hätte ich nichts bemerkt. Der Wärter steckte das Geld ein und sah weg, als sich die Frau unter die Zuseher mischte.

Vom Käfig aus konnte ich Lisa und Mailath sehen, die auf einer der Zuschauerbänke Platz genommen hatten. Lisa wirkte zerzaust. Ich konnte auch aus der Entfernung erkennen, dass sie Ringe unter den Augen hatte. Halte durch Lisa, dachte ich, während der Gerichtsdiener den ersten Häftling aufrief.

In unmittelbarer Nähe des Käfigs sah ich die Frau, die eben dem Wärter Geld gegeben hatte. Sie nickte dem Häftling zu, der gerade an der Reihe war. Er sah nicht wie ein Ägypter aus. Vermutlich stammte er aus einem anderen afrikanischen Land. Ein Dolmetscher übersetzte seine englischen Antworten auf die Fragen des Richters ins Arabische. »Nein«, sagte er, »ich habe noch nie mit Drogen zu tun gehabt.«

Die Frau griff in den Beutel und reichte ihm ein Säckchen. Er rollte er es mit den Händen zu einer Wurst und schluckte es. Das feinmaschige Stahldrahtgitter, das die groben Gitterstäbe umgab, verhinderte, dass der Richter sah, was direkt neben mir passierte. Der Mann musste einige Male schlucken, um den Brocken hinunter zu bekommen. Danach bedeutete er der Frau, die seelenruhig neben dem Käfig wartete, ihm das nächste Säckchen zu reichen. Als der Beutel der Frau leer war, huschte sie davon und mischte sich wieder unter die Zuseher.

»Nein«, antwortete der Angeklagte auf eine weitere Frage des Richters. »Ich habe noch nie selbst Drogen genommen, Drogen gekauft oder Drogen verkauft.«

Ich wandte mich ab. Noch offensichtlicher konnte Drogenschmuggel in ein Gefängnis kaum stattfinden. Im Gegensatz zu dem Angeklagten hatte ich tatsächlich nie etwas mit Drogen zu tun gehabt. Sie passten nicht in mein Lebenskonzept. Ich verstand nicht, was es Menschen gab, sich ins Delirium zu schießen. Doch das eigentliche Problem war ein anderes. Der Wärter, der das Geld genommen hatte, war vermutlich nicht der einzige, der dabei mitverdiente. Vermutlich bezahlte der Häftling selbst oder über seine Mittelsfrau weitere Wärter fürs Wegsehen, und womöglich machte er in der Haft mehr Geld, als er es draußen getan hätte.

Das Tragische dabei war, dass die Korruption in diesem Justizapparat keine Frage von Einzelfällen war. Sie war Teil des Systems. Sie war vielleicht sogar das System, und niemanden schien es zu stören. Es gab keine übergeordneten Instanzen und keine Medien, die etwas dagegen hatten. Es gab keine ethischen Prinzipien und es gab anscheinend keine Öffentlichkeit, die deren Fehlen ernsthaft interessierte. Selbst wenn ein Beamter wie mein Handyverleiher wegen Korruption angeklagt war, war davon auszugehen, dass er bloß anderen korrupten Beamten im Weg gewesen war, womöglich bei deren eigenen korrupten Machenschaften.

Das bedeutete, dass ein ägyptischer Prozess immer nur ein Schauspiel war, das ein Richter und ein Staatsanwalt mit Elementen der Gerichtsbarkeit inszenierten, bei dem aber immer nur eine Farce herauskam. Denn in Wirklichkeit ging es um ein Gewirr aus persönlichen Interessen handelnder Personen, seien es Politiker, die Exempel statuieren wollten, Richter oder Staatsanwälte, die sich wichtigmachen wollten, oder Beamte, die Geld machen wollten. Wie viel würden in so einem Prozess meine Bescheinigungen der Lufthansa und der österreichischen Botschaft wert sein?

Wie an unserem ersten Prozesstag absolvierte der Richter die Anhörungen im Schnelldurchlauf, bis der Gerichtsdiener Karl und mich aufrief. »Ich lege zwei Dokumente vor, die eindeutig beweisen, dass die Anklage gegen meine Mandanten jeder Grundlage entbehrt«, sagte unser Anwalt. »Sie zeigen, dass der Bericht des Geheimdienstes, auf den sich die Anklage stützt, falsch ist. Sie zeigen, dass meine Mandanten ihre Waffen nicht geschmuggelt haben, und dass der Vorwurf, einer von ihnen würde sechs Reisepässe besitzen, falsch ist.«

War es das jetzt und wir konnten gehen? Ich sah Karl an. Er starrte angestrengt nach vorne. Vor jedem Gericht in jedem anderen Land wäre der Prozess an dieser Stelle jedenfalls vorbei, dachte ich.

Der Richter sah die Papiere durch. Er brauchte dafür wenige Augenblicke. Danach warf er sie vor sich auf den Pult. »Diese Papiere bedeuten nichts«, sagte er. »Sie sind irrelevant. Sie stammen aus Österreich, einem durch und durch korrupten Staat.«

Das übertraf dann doch selbst meine schlimmsten Erwartungen. Ich sah mich nach Mailath um, konnte ihn aber nicht entdecken.

Die Aufmerksamkeit im Gerichtssaal war hoch. Unter den Prozessen dieses Tages hatte unserer schon im Vorfeld am meisten Aufsehen erregt. Zuerst hatte ich gehört, dass eine ägyptische Zeitung darüber berichtet hatte. Als nächstes hatte ich gehört, dass es eine große Zeitung gewesen war und schließlich, dass sie auf der Titelseite berichtet hatte. Sogar ein Foto von Karl und mir hatte sie gebracht. Es zeigte uns in unseren weißen Kleidern im Käfig.

»Jedem hier ist wohl klar, dass diese Dokumente keine Gültigkeit haben können«, sagte der Richter.

Einige Zuhörer riefen etwas dazwischen. Ich verstand es nicht, aber es klang wie Zustimmung.

Der Richter vertagte danach unseren Prozess nun immer wieder aufs Neue. Die Wochen vergingen. Der Sommer hielt im *Tora*-Gefängnis Einzug und es wurde August. Die Temperaturen stiegen tagsüber teilweise auf 50 Grad. Vor allem zur Mittagszeit lagen die meisten Häftlinge nur reglos auf ihren Bänken. Auch ich bewegte mich nur, wenn es unbedingt sein musste. Der Schweiß rann mir unentwegt aus allen Poren am Körper herab. Selbst das Denken fiel mir schwer.

Ich hatte Lisa seit dem letzten Verhandlungstag einmal am Handy gesprochen und noch ihre Stimme im Kopf. Sie hatte müde geklungen. Das konnte eine natürliche Reaktion auf die Strapazen sein, denen auch sie ausgesetzt war. Doch ihre Müdigkeit hatte sich nicht nach einer körperlichen sondern nach einer seelischen angehört. Dieser Gedanke ließ mich nicht mehr los. Wenn ich wie im Delirium da lag, geisterte er durch meinen Kopf.

An den Abenden las ich. Ich las jedes Buch, das ich kriegen konnte, eins nach dem anderen. Ich las hunderte von Büchern. An einem Abend nahm ich ein neues Buch aus meinem Rucksack. Elke von der evangelischen Gemeinde hatte es mir gebracht. Es hieß *Radikal*. Der Autor, Yassin Musharbash, sagte mir nichts. Auf der Rückseite stand: *Im Fadenkreuz von Fanatikern – Ein beängstigend realistischer Politthriller*. Ich starrte auf den Satz und musste lachen. Ich klang dabei wohl ziemlich verrückt, denn als ich den Kopf hob, betrachtete mich Karl besorgt.

Verlässlich wie ein Hahn schrie ein Wärter jeden Morgen an der Zellentür die Namen derer, die zu Gerichts- oder Verhörterminen mussten. Gegen Ende August waren auch Karls und mein Name wieder dabei. Wieder traten wir die Reise zum Gericht an. Der Käfig im Hof, der Laster, der Keller. Ich hatte mich inzwischen sogar einigermaßen an den Gestank von Scheiße gewöhnt, zumindest fiel er mir nicht mehr so sehr auf.

»Vielleicht steinigen sie uns heute«, sagte ich, als wir in Begleitung der Wärter zum Gerichtssaal gingen. Trocken lachte ich über meinen düsteren Scherz, doch Karl fand ihn nicht witzig. Ich im Grunde auch nicht. Inzwischen hielten wir alles für möglich.

Niemand warf Steine nach uns, als uns die Wärter zum Käfig lotsten. War ich erleichtert? Verwundert? Enttäuscht? Ich konnte es nicht sagen.

Ein weiterer Ankläger saß an diesem Tag neben Nagib. Ich hatte ihn noch nie gesehen. Er trug einen langen, grauen Bart und hatte buschige ebenso graue Augenbrauen. Auf seinem knochigen Gesicht ruhte eine dicke Brille. Als der Gerichtsdiener Karl und mich aufrief, erhob sich dieser Mann. »Im Namen des ägyptischen Volkes verkünde ich hiermit, dass Ägypten Zivilanklage gegen die beiden Angeklagten erhebt«, sagte er. »Der Schaden, den diese beiden Spione verursacht haben, verlangt nach Reparatur. Ich fordere daher Schadensersatz und die Höchststrafe für beide Angeklagte.«

Er schob sich die Brille zurecht. »Es ist furchtbar, was aus dem Land Österreich geworden ist«, sagte er. »Im Zweiten Weltkrieg haben wir noch gemeinsam gegen die Zionisten gekämpft und Ungläubige ausgerottet. Der frühere österreichische Präsident Kurt Waldheim hat noch zu uns gehalten, aber was ist heute? Österreich fällt uns in den Rücken. Österreich wendet sich gegen uns. Es ist eine Schande, wie das österreichische Volk verkommen ist.«

Die Farce hatte einen neuen Höhepunkt erreicht. Der Auftritt des Zivilanklägers war an Absurdität nun wirklich nicht mehr zu überbieten. Wie konnten gebildete Menschen in einem Gerichtssaal dieser Welt, und sei es ein afrikanischer, solchen Unsinn von sich geben? Ich fragte mich, was geschehen wäre, wenn diese Ansprache in Österreich live zu sehen gewesen wäre.

Ich fragte mich auch, was geschehen würde, sollte ich je Gelegenheit bekommen, jemandem davon zu erzählen. Wer würde mir glauben? Würde ich jemandem glauben, der mir so etwas erzählen würde? Diese sechs Sätze des Zivilklägers schilderten den aktuellen Zustand Ägyptens jedenfalls besser, als es jede politische Analyse tat. Was eigentlich der wirtschaftliche Schaden war, den wir angeblich angerichtet hatten, fragte ich mich dann gar nicht mehr.

Nach dieser Ansprache ging unsere eigentliche Verhandlung los. Nagib legte Teile meines persönlichen E-Mail-Verkehrs als Beweismaterial vor. Darunter waren E-Mails aus den Jahren 2002 und 2003, die für diesen Prozess völlig irrelevant waren. Die ägyptischen Ermittler hatten sie aus meinem *iPad* geholt. Sie belegten, dass ich eine militärische Ausbildung beim österreichischen Bundesheer genossen hatte, was Nagib als Beweis für meine Spionagetätigkeit wertete. Er hatte die E-Mails gekürzt, um sie so verdächtig wie möglich klingen zu lassen.

Schließlich war mein Verteidiger am Wort. »Dieser Schriftverkehr hat für den Fall keinerlei Bedeutung«, sagte er. »Die Staatsanwaltschaft hat die E-Mails außerdem verkürzt und dabei ihren Sinn verzerrt. Aus einer militärischen Ausbildung in Österreich lässt sich nicht im Geringsten der Schluss ziehen, dass meine Mandanten Spione sind.«

Der Richter reagierte nicht auf diese Einwände. »Im Übrigen beziehe ich mich im Hinblick auf den Vorwurf des Waffenschmuggels auf ein Gesetz aus dem Jahr 1968, wonach die Einfuhr von Waffen durch Touristen legal ist«, sagte unser Anwalt.

Der Richter kommentierte das mit einem abfälligen Schmatzen. »Das interessiert mich nicht«, sagte er. »Emschi.«

Er vertagte den Prozess ein weiteres Mal.

Am Nachmittag kamen wir wieder bei unserer Zelle an. An der Tür winkte mich ein Wärter zur Seite. »Visit«, sagte er.

Ich war erschöpft und wollte mich einfach nur hinlegen. Allerdings wollte ich keinen Besuch auslassen. Also trottete ich dem Wärter zum Besucherraum hinterher. Mailath wartete dort auf mich. »Wie geht es Ihnen?«, fragte er.

Ich ließ mich auf den Stuhl fallen. Ich hatte keine Lust auf den Austausch von Freundlichkeiten. »Würde es nicht zu Ihren Aufgaben als Mitarbeiter der österreichischen

Botschaft in Ägypten gehören, hier für österreichische Staatsbürger ein faires Verfahren gemäß internationalen Standards durchzusetzen?«, fragte ich ihn. »Dieser Staatsanwalt bringt die absurdesten Vorwürfe gegen uns vor und er hat den Richter auf seiner Seite. Die meinen es ernst.«

Mailath wiederholte, was er schon einmal gesagt hatte. »Wir können uns nicht in ein laufendes Verfahren einmischen. Es tut mir leid. Uns sind die Hände gebunden.«

Ich sah ihn eine Weile schweigend an. Er trommelte mit den Fingern auf der Tischplatte.

»Ich habe Ihnen einen Korb mit Essen mitgebracht«, sagte er. »Auch Wasser. Sie brauchen bestimmt viel Wasser, jetzt bei diesen Temperaturen.«

Ich nickte. »Anfangs meinten Sie noch, der Prozess wäre rasch vorbei, weil die Anklage ohnedies keine Chance habe«, sagte ich.

Mailath sah zu Boden.

»Es gäbe keine Beweislage, sagten Sie. Der Prozess habe keine Substanz. Es werde auf keinen Fall einen Schuldspruch geben. Doch wie es aussieht, brauchen die hier keine Beweislage. Was Sie eigentlich wissen müssen hätten. Was jetzt?«

Mailath schwieg.

Ich nahm den Korb voll Essen und die Wasserflaschen und ging zurück in meine Zelle. Ich verstaute alles so gut ich konnte in meinem Rucksack und in meinen Schachteln, aber es würde auch diesmal wenig Sinn haben. Die Hälfte von dem, das ich nicht gleich heute aß, würde bis morgen Beute der Insekten werden.

Immerhin wusste ich, wie ich die Eier, die mir Mailath gebracht hatte, zubereiten konnte. Ich nahm eine leere Konservendose, schlug ein Ei darüber auf und schob sie durch die Gitterstäbe hinaus in die sengende Sonne. Während ich dem Ei beim Garen zusah, dachte ich über Lisa nach. Was tat sie eigentlich die ganze Zeit in Österreich? In Ägypten war sie nur tageweise gewesen, und das war gut so. Vermutlich war sie genauso einsam wie ich. Ich musste mit ihr sprechen, und zwar bald.

Als sich ein Schatten über meine Konservendose legte, griff ich reflexartig danach und zog sie zu mir in die Zelle. Der Schatten gehörte einem Wärter, der sich von seinen Kollegen unterschied. Normalerweise trugen die Wärter nur Teile ihrer Uniform, etwa nur die Weste oder nur die Hose, und ansonsten eigene Kleidung. Sie sahen damit wie eine wilde Truppe von Outlaws in einer Art ägyptischem Western aus. Doch der Mann da draußen trug eine komplette, gut gepflegte Uniform.

Bis jetzt hatte ich nur ab und zu voll uniformierte Wärter gesehen. Sie hatten immer Befehle erteilt. Offenbar waren sie so etwas wie Offiziere unter den Wärtern. »Hallo«, sagte der Mann. Er sprach Englisch. »Mein Name ist Osama. Der Direktor hat mich gebeten, ihm Eier zu organisieren. Du hast welche, wie ich sehe.«

Für ägyptische Verhältnisse sprach er trotz seines starken arabischen Akzentes recht gut Englisch. Seine freundliche Art irritierte mich. Ich konnte keine Häme in seinen Augen sehen, keine Missbilligung. »Es würde mir helfen, wenn du mir einen Karton Eier geben würdest«, sagte er.

Er schien mich tatsächlich freundlich darum zu bitten, statt mir den Karton einfach wegnehmen zu lassen.

»Warum geht der Direktor nicht in die Cafeteria und kauft sich dort Eier?«, fragte ich.

Ich wusste selbst, dass die »Cafeteria« außer Zigaretten wenig zu bieten hatte.

»Dort gibt es keine Eier«, sagte der Mann. »Der Direktor hätte aber gerne ein Spiegelei.«

Ich hielt meine Konservendose fest und schüttelte den Kopf. »Es tut mir leid«, sagte ich. »Ich kann dem Direktor nicht helfen.«

Osama sah sich um. »Das verstehe ich«, sagte er. »Ich werde ihm berichten, dass ich keine Eier gefunden habe.«

Er trat näher an die Gitterstäbe heran. Da wir uns auf Englisch unterhielten, hätte uns vermutlich außer Karl und vielleicht Amar niemand verstanden. Dennoch senkte Osama seine Stimme. »Ich bin Osama«, sagte er. »Ich weiß, dass die Vorwürfe gegen euch erfunden sind. Ich habe das hier schon öfter erlebt. Ihr seht nicht wie Verbrecher aus.« Er sah zu Karl, der sich am anderen Ende der Zelle mit dem scharf geschliffenen Deckel einer Konservendose rasierte. »Ich weiß, wie Verbrecher aussehen«, sagte er.

Der Staatsanwalt hatte bisher nichts unversucht gelassen, um Karl und mich wie Verbrecher aussehen zu lassen. Deshalb vertraute ich niemandem. Konnte es sein, dass Osama in Nagibs Auftrag Kontakt mit mir aufgenommen hatte, mit welchem Ziel auch immer? Ich musterte ihn genauer. Er sah ehrlich aus. »Danke«, sagte ich schließlich. Fast hätte ich mir die Sache mit dem Ei noch einmal überlegt. Doch da hörte ich hinter mir einen dumpfen Schlag.

Ein Häftling, ein dürrer junger Mann, der keine zwanzig Jahre alt sein konnte, lag am Boden. Seine Arme, seine Beine und sogar sein Kopf zuckten unentwegt und schlugen dabei hörbar am Beton auf. Seine Augen waren verdreht und er hatte die Zähne fest zusammengebissen. Ich rief Karl. »Ich glaube, das ist ein epileptischer Anfall«, sagte ich, als er herbei eilte.

Ich hielt den Kopf des jungen Mannes so gut ich konnte fest, damit er nicht weiter gegen den Beton schlug. Karl versuchte, seine Gliedmaßen ruhig zu halten. Da hörte er auf, sich zu bewegen. Ich hielt meine Hand vor seinen Mund. »Er atmet nicht mehr«, sagte ich zu Karl. »Wir reanimieren.«

Dank meiner Ausbildung zum Sanitäter wusste ich, was zu tun war. Wir legten den Jungen auf den Rücken und führten eine Herzdruckmassage durch. Dreißig Mal drücken, dann zwei Mal beatmen. Karl und ich wechselten uns ab. Nach wenigen Minuten fing der Junge mit einem kräftigen Husten wieder zu atmen an. Ich legte ihn in die stabile Seitenlage. Osama beobachtete mich von draußen, als wäre ich ein Zauberkünstler. Dann verschwand er.

Am nächsten Morgen weckte mich ausnahmsweise nicht das Geschrei eines Wärters. Diesmal waren es die Kakerlaken. Weitaus mehr Getier als sonst krabbelte über meinen Körper und ließ mich hochschrecken. In der Morgendämmerung konnte ich nur schemenhaft erkennen, dass sie aus meinem Rucksack und meinen Schachteln kamen. Sie hatten auch dieses Mal Mailaths Mitbringsel gefressen und waren scheinbar gieriger als sonst. Sie waren auf der Suche nach mehr. Ich ließ den Rucksack und die Schachteln zu. Ich wollte gar nicht sehen, was sie dort hinterlassen hatten. Stattdessen bereitete ich mich auf den Tag vor. Die nächste Verhandlung stand an.

Als uns der Gerichtsdiener aufrief, saß Nagib allein hinter dem Pult der Anklage. Dafür saß jemand auf der Zeugenbank, ein Mann, den ich noch nie gesehen hatte. »Ich befrage heute einen Mitarbeiter der Flughafenpolizei, der die beiden Angeklagten beim Versuch, Waffen zu schmuggeln, festgenommen hat«, sagte er.

Abgesehen davon, dass ich dem Mann in diesem Fall schon einmal begegnet wäre, hatte uns am Flughafen nie jemand des Waffenschmuggels bezichtigt. Ich sah zu Karl. »Kennst du den?«, fragte ich ihn.

Er schüttelte den Kopf. »Noch nie gesehen.«

Der vermeintliche Zeuge beantwortete alle Fragen des Staatsanwaltes mit einem deutlichen »Ja«.

Ob er sich an uns erinnern könne?

Ob wir versucht hätten, Waffen zu schmuggeln?

Ob wir gestanden hätten, israelische Spione zu sein?

Ja.

Ja.

Ja.

Nagib nahm zufrieden Platz und übergab meinem Anwalt das Wort. Das war nun wirklich zu viel. »Hey!«, rief ich durch das Gitter des Käfigs dem vermeintlichen Zeugen zu. »Wer sind Sie überhaupt?«

Der Dolmetscher übersetzte.

Der Mann im Zeugenstand zuckte mit den Achseln. »Flughafenpolizei«, sagte er.

»Wo genau wollen Sie uns erwischt haben?«, rief ich.

Er dachte kurz nach. »Beim Verlassen des Flughafens.«

Ich biss mir auf die Faust. Schon wieder so eine frei erfundene Geschichte. »Das ist nicht wahr«, rief ich. »Wir haben den Flughafen nie allein verlassen und haben es auch nie versucht.«

Ein Raunen ging durch den Saal. Der Flughafenpolizist schien nervös zu werden. »Waren Sie an diesem Tag überhaupt im Dienst?«, rief ich.

Er sah abwechselnd den Staatsanwalt und den Richter an. »Nein«, sagte er schließlich.

Der Flughafenpolizist schwitzte.

Nagib schlug wütend auf seinen Tisch. Er fuhr mich an. »Wer sind Sie, dass sie den Zeugen befragen? Dazu haben Sie kein Recht«, sagte er.

Er winkte den Zeugen zu sich und flüsterte ihm etwas ins Ohr. Daraufhin verschwand der Mann wortlos. Niemand hielt ihn auf.

Unser Anwalt legte meinen vollständigen E-Mail-Verkehr vor, der bewies, dass die Version des Staatsanwaltes manipuliert war. Der Richter machte eine abfällige Geste. »Das interessiert mich nicht«, sagte er.

»Es ist relevant für den Prozess, dass die von der Staatsanwaltschaft vorgelegten E-Mails manipuliert waren«, sagte unser Anwalt.

Der Richter sah ihn verärgert an und wedelte mit der Hand in der Luft.

Doch wir hatten noch mehr zu sagen. Es ging um den Mann in der Polizeiuniform mit den goldenen Sternen, mit dem ich damals via *Skype* den Transfer unserer Waffen vom Flughafen zum Port Suez vereinbart hatte. Der Mann, Mohamed Diab, war an diesem Tag ebenfalls im Gerichtssaal. Er trug auch heute wieder weiß, bloß nicht in Form einer weißen Uniform mit goldenen Sternen, sondern in Form der weißen Lumpen für die Untersuchungshäftlinge. Er stand neben mir im Käfig, was er Lisa zu verdanken hatte.

Lisa hatte ihn über seine *Skype*-Adresse gesucht und sein *Facebook*-Profil gefunden. Dort hatte sie einen Artikel über unsere Verhaftung entdeckt. Das war ihr eigenartig erschienen. Sie hatte diese Information an unseren Anwalt weitergegeben. Als die Polizei ihn verhaftete, gestand er. Er war kein Polizist. Er wollte mich nur hereinlegen.

»Warum haben Sie sich als Polizist ausgegeben?«, fragte ihn unser Anwalt.

»Weil mir Geld dafür versprochen wurde.«

»Es ging darum, dem Angeklagten eine Falle zu stellen und Geld für einen Transfer zu entlocken, den es so nicht geben würde?«

»Das war der Plan.«

»Woher hatten Sie die Uniform der ägyptischen Polizei?«

»Sie war geliehen.«

»Das heißt, der Angeklagte wurde hereingelegt?«

»So ist es. Der Angeklagte wurde hereingelegt.«

Der Staatsanwalt hatte keine Fragen an unseren Zeugen. Der Richter auch nicht. Unser Anwalt konnte es kaum glauben. Er hatte eben einen unserer Trümpfe ausgespielt, ohne jeglichen Effekt. Als er stehenblieb, wedelte der Richter mit der Hand. »Emschi«, sagte er.

Nach diesem Verhandlungstag verging die Zeit wieder, ohne dass sich etwas tat. Osama, mit dem ich mich jetzt manchmal unterhielt, sagte mir, dass die Gerichte Ferien machten und im Anschluss Ramadan war. Auch während des Ramadan arbeiteten sie nicht. Es könne also dauern, bis es wieder zu einer Verhandlung käme.

Eintönig verstrichen die Wochen. Es wurde Herbst und ich bekam mit, wie das Land politisch instabiler wurde. Denn unsere Zelle wurde immer voller. Mohammed Mursi, der als Vorsitzender der von der islamistischen Muslimbrüderschaft gegründeten Freiheits- und Gerechtigkeitspartei bei den ersten freien Wahlen im Juni dieses Jahres an die Macht gekommen war, war umstritten. Jeden Tag gab es Massenproteste gegen seine Politik, jeden Tag kamen neue Häftlinge zu uns. Mursis Schergen sperrten inzwischen jeden ein, der sich auch nur in der Nähe einer Demonstration aufhielt, darunter auch Jugendliche und halbe Kinder.

Der Druck auf uns Häftlinge stieg. Die ohnedies schon katastrophale Gefängnisroutine litt unter der Überfüllung der Zelle weiter. Die Stimmung wurde aggressiver. Wenn Häftlinge starben, und das kam laufend vor, ließen die Wärter sie inzwischen einfach in ihren Decken auf ihren Bänken liegen. Es dauerte manchmal einen ganzen Tag, bis jemand sich ihrer annahm. Dann befahlen Wärter einigen Häftlingen, sie nach draußen zu tragen und auf einen bereitstehenden Laster zu legen. Ich fragte mich, wo die Wärter die Leichen hinbrachten. Ich konnte mir nicht vorstellen, dass es eine Leichenhalle gab.

In immer kürzeren Abständen führten die Wärter jetzt auch ihre »Zellendurchsuchungen« durch. Es schien, als litten sie mehr Hunger als bisher, denn vor allem hamsterten sie dabei Lebensmittel. Ich schloss daraus, dass die Lage auf den Straßen Kairos schwierig war.

Doch das alles nahm ich eher am Rande wahr. Viel mehr beschäftigte mich Lisa. Sie meldete sich immer seltener. Ich las auf meiner Betonbank oft einen Brief, den sie mir am Anfang meiner Untersuchungshaft geschrieben hatte.

Liebster Hannes, ich weiß, es ist hart, aber wir halten zusammen und stehen diesen Alptraum gemeinsam durch. Ich träume oft von dem Tag, an dem ich dich am Wiener Flughafen abhole und wir gemeinsam nach Hause fahren. Ich weiß, dass dieser Tag nicht mehr weit ist, weil du aufrichtig und gut bist. Deine Lisa

Der Brief war inzwischen fast ein Jahr alt. Ein Jahr war vergangen, in dem sich die Lage nie verbessert hatte, sondern immer hoffnungsloser geworden war. Ich musste Lisa anrufen.

»Hallo?«

Ihre Stimme klang verwirrt, abwesend.

»Ich bin es, Hannes«, sagte ich.

»Schön, dich zu hören«, sagte sie. »Wie geht es dir?«

Warum klang das so seltsam? So nach alten Bekannten, die sich nach Längerem beiläufig anrufen? Welche Routine hatte in unserer Beziehung Einzug gehalten? »Es geht mir den Umständen entsprechend gut«, sagte ich. »Es ist heiß und ich habe meistens Durst, aber ich komme durch.«

Sie schien neben dem Telefonat noch etwas anderes zu tun, denn sie reagierte nicht.

»Wie ist es in Österreich?«, fragte ich. »Ich hoffe, es geht dir besser als mir.«

Sie lachte auf. »Mir kann es wohl nur besser gehen als dir«, sagte sie.

Etwas stimmte nicht. So viel war klar. »Lisa, ist alles in Ordnung?«, fragte ich.

Einen Moment lang schwieg sie. Dieser Moment genügte mir.

»Ja, alles ist in Ordnung«, sagte sie. »Wir stehen das durch. Rufst du wegen etwas Bestimmtem an oder nur so?«

»Ich brauche einen Erste-Hilfe-Kasten«, sagte ich. »Jeden Tag kommen verletzte Demonstranten ins Gefängnis. Ich sehe nie einen Arzt, der für sie da ist. Niemand hilft ihnen. Ich kann da nicht zusehen. Außerdem wäre es gut, wenn ich mich im Falle einer Verletzung selbst verarzten kann.«

»Alles klar«, sagte sie. »Ich leite es an die Botschaft weiter. Sonst noch etwas?«

Ich hatte das Gefühl, dass Lisa nicht nur körperlich weit weg von mir war. Doch ich versuchte, dieses Gefühl nicht zuzulassen. »Nein danke, das ist alles«, sagte ich. »Wir hören uns bald.«

»Ja, bis bald.«

20

Im November half ich einem krebskranken Häftling dabei, sich eine Infusion zu setzen. Er war etwa fünfzig Jahre alt und in sehr schlechtem Zustand. Die Infusionen brachte seine Familie regelmäßig vorbei. Amar hatte mir erzählt, dass der schwerkranke Mann wegen eines angeblich geplatzten Schecks die Torturen des *Tora*-Gefängnis über sich ergehen lassen musste.

Wobei es wie bei allen Häftlingen fraglich war, ob er sich überhaupt etwas zuschulden kommen lassen hatte. In unserer Zelle gab es einen 96 Jahre alten Mann, der halb blind war und sich kaum bewegen konnte. Laut seiner Anklage war er ein Cyber-Krimineller. Dass der Mann nicht einmal die Zahlen am Display eines Taschenrechners lesen konnte, geschweige denn die Fingerfertigkeit besaß, ihn zu bedienen, spielte für die Staatsanwaltschaft bei der Beurteilung des Falles offenbar keine Rolle.

Ich setzte die Infusion und legte meinem Patienten danach sanft die Hand auf die Schulter. Er sah mich dankbar an. Da hörte ich meinen Namen.

»Hans!«

Ich hatte mich an diesen Namen inzwischen fast schon gewöhnt, als wäre es mein eigener.

Osama stand in der Zellentür. Seine Hand war verbunden.

»Was ist passiert?«, fragte ich.

»Ein kleiner Zwischenfall«, sagte er. »Der Arzt hat die Wunde genäht. Du hast Besuch.«

»Also gibt es einen Arzt hier?«, sagte ich.

Er nickte.

»Sieht der sich auch manchmal kranke oder verletzte Häftlinge an?«

Osama verzog das Gesicht. »Selten.«

»Komm«, sagte er, und deutete den Gang entlang.

Im Besucherraum saß Mailath. Er hatte mir den Erste-Hilfe-Kasten mitgebracht, um den ich Lisa gebeten hatte. Der hatte bloß einen Nachteil. Er war leer.

Ich fragte Mailath nicht, was er sich dabei gedacht hatte. Ich wusste inzwischen, dass sich die Botschaft nicht besonders viel bei derartigen Besorgungen dachte.

So hatte ich den Botschafts-Mitarbeitern mehrmals gesagt, dass es in der Zelle manchmal sechzig und manchmal sogar siebzig Grad heiß werde und ich keine Kühlmöglichkeiten habe. Trotzdem brachten sie mir zum Beispiel zwei Kilo Emmentaler am Stück oder einen Kranz Dauerwurst. Beides Lebensmittel, die bei diesen Temperaturen nach wenigen Stunden verdorben waren. Ich konnte nur so viel wie möglich davon essen und den Rest an meine Mithäftlinge verschenken, oder, wenn ich Glück hatte, etwas Sinnvolles dafür eintauschen.

Dazu kam, dass die Botschaft all diese Dinge nicht um ihr eigenes Geld kaufte, sondern um die Summen, die sie sich von Lisa überweisen ließ. Inzwischen wusste ich, dass die Botschaft nicht einmal die erste Zahlung an das Gefängnis, mit der ich damals meinen fundamentalsten Bedarf decken konnte, aus eigenen Mitteln geleistet hatte. Schönburg, der damals noch zuständig war, hatte Lisa schon bei ihrem ersten Besuch aufgefordert, Geld dazulassen, für den Fall, dass ich etwas brauchen würde.

Inzwischen hatte ich auch Bedenken, den Briefverkehr mit Lisa über die Botschaft abzuwickeln. Zuerst war mir aufgefallen, dass bei Lisas Briefen einzelne Seiten fehlten.

Schließlich waren Textpassagen geschwärzt gewesen, als wir die Briefe des jeweils anderen erhielten. Die Passagen, um die es ging, legten nahe, wer hier zensierte. Es fehlten anscheinend immer die Seiten und es waren immer die Passagen unleserlich, in denen sich einer von uns negativ über die Botschaft geäußert hatte. Doch die Botschaftsmitarbeiter meinten, ich würde mir das einbilden.

Immerhin die zwölf Liter Wasser, die Mailath auch dieses Mal wieder dabeihatte, machten Sinn. Außerdem übergab er mir einen Brief. Ich erkannte am Umschlag, dass er weder von Lisa, noch von meiner Mutter oder jemand anderem aus meiner Familie war. Zurück in der Zelle legte ich mich auf meine Bank und las ihn langsam.

Lieber Hannes! Ich hoffe, du hältst durch und machst, was du am besten kannst: improvisieren und aus einer Scheißsituation so viel wie möglich herausholen. Hoffentlich erreicht dich dieser Brief, denn ich habe dir etwas Wichtiges zu sagen. Es tut mir leid, dass es nichts Erfreuliches ist, aber es gehört gesagt. Ich möchte nicht ins Detail gehen, aber ich rate dir, Lisa von allen organisatorischen und juristischen Aufgaben, die sie für dich übernimmt, zu entbinden. Ich denke, dass deine Mutter diese Dinge übernehmen kann. Vergiss Lisa. Peter

Ich kannte Peter seit meiner Kindheit. Er hatte zum Freundeskreis meiner um sieben Jahre älteren Schwester gehört und sich immer im Hintergrund meines Lebens befunden. Auch später, als wir in der gleichen Branche arbeiteten. Er war beim Militär und hatte dort eine ansehnliche Karriere gemacht. Gleichzeitig betrieb er mit einem prominenten Partner eine Sicherheitsfirma. Er hatte meine berufliche Entwicklung immer im Auge behalten, ohne dass wir je sonderlich intensiven Kontakt zueinander hatten.

Und jetzt dieser Brief. Was hatte er zu bedeuten? Warum wollte er nicht ins Detail gehen? Warum sollte ich Lisa vergessen? Was wusste Peter, das ich nicht wusste? War sie durch unsere Situation belasteter, als ich dachte? Glaubte Peter, dass Lisa ihre Sache schlecht machte und wollte mir helfen? Oder hatte sie einen anderen?

Ich suchte die Zelle nach dem Ägypter ab, dessen Handy ich mir zuletzt immer ausgeliehen hatte. Er war nicht da. Hektisch lief ich herum. Er muss jeden Moment kommen, dachte ich. Schließlich konnte er nicht weit sein. Doch er kam nicht. Nicht an diesem Tag und auch nicht an den folgenden. Vielleicht war er vom Verdacht der Korruption freigesprochen worden, oder er hatte sein Urteil bekommen und saß seine Strafe jetzt in einem anderen Komplex des *Tora*-Gefängnisses ab. Für mich bedeutete das eine wie das andere, dass ich nicht in Österreich anrufen konnte.

Während die Nächte kälter wurden und der Dezember anbrach, versuchte ich beharrlich, bei anderen Mithäftlingen ein Handy aufzutreiben. Ohne Erfolg. Die Wärter führten ihre Zellendurchsuchungen inzwischen schon mehrmals wöchentlich durch und keiner wagte es jetzt noch, ein Handy herein zu schmuggeln. Ich konnte Lisa deshalb nur schreiben. Ich fragte sie in meinen Briefen immer wieder, ob sie einen anderen gefunden hatte. Ab und zu schrieb sie mir zurück. Ich solle mir keine Sorgen machen. Doch das genügte mir nicht. Ich musste ihre Stimme hören, um sicher zu sein.

Ich besänftigte meine rasenden Gedanken mit Lesen, Schreiben und dem Verarzten anderer Häftlinge. Letzteres hatte meist wenig Sinn, weil sie sich unter dem steigenden Druck in der Zelle wenig später ohnedies wieder gegenseitig krankenhausreif prügelten.

Eines Tages stand wieder Osama in der Zellentür. Seine Hand war noch immer verbunden. Er winkte mich zu sich. »Mein Freund, kannst du mir einen Gefallen tun?«, sagte er. »Es hat nichts mit Spiegeleiern zu tun, das verspreche ich dir.«

Ich sah ihn fragend an. »Meine Hand«, sagte er. »Ich glaube, der Arzt hat schlechte Arbeit geleistet. Sie tut weh und ich kann sie kaum bewegen. Siehst du dir das bitte an?«

Osama war immer freundlich zu mir gewesen, also hatte ich nichts dagegen. »Klar, komm herein«, sagte ich.

Er schüttelte den Kopf. »Das geht nicht«, sagte er. »Ich bin ein Wärter, du bist ein Häftling. Komm mit in den Besucherraum.«

Ich holte meinen Erste-Hilfe-Kasten und folgte Osama. Als wir im Besucherraum Platz genommen hatten, löste ich vorsichtig den Verband. Die Wunde sah schlecht aus. Sie stank bereits, was kein gutes Zeichen war. Ich versuchte, keine Grimasse zu schneiden, weil Osama das wohl beunruhigt hätte. Um ihn abzulenken, fragte ich ihn nach seinem Leben in Ägypten.

»Mein Freund, ich sage dir, wir haben es nicht gut hier«, sagte er. »Alle reden von Allah, aber Allah hilft uns nicht.«

Ich legte seinen Verband auf den Tisch. So etwas hatte ich noch nie gesehen. Die Wunde war nicht nur vernachlässigt. Wer immer sich hier zu schaffen gemacht hatte, musste ein Dilettant sein.

»Es gibt immer jemanden, dessen Leben noch schlimmer ist«, sagte Osama, »aber das Schlimmste ist es doch, wenn ein Mensch intelligent genug ist, um die eigene beschissene Lage zu erkennen, aber zu machtlos, um sie zu ändern.«

Ich konnte es kaum glauben. Der Arzt, der Osamas Wunde behandelt hatte, hatte ihm eine regelrechte Falte in die Hand genäht. Die Verletzung hatte sich durch den Fehler entzündet. Es konnte unmöglich ein echter Arzt gewesen sein.

»Mein Freund, deswegen flehe ich dich an«, sagte Osama. »Bitte, wenn du hier herauskommen solltest, kontaktiere mich und hilf mir, auch hier herauszukommen. Die Menschen hier haben nichts Besseres zu tun, als sich den ganzen Tag gegenseitig an die Kehle zu gehen.«

Das war vermutlich der wahre Grund, weshalb er mich in den Besucherraum gelotst hatte. Ich sah ihm in die Augen. Osama wollte ernsthaft auswandern, und zwar möglichst bald. »Wir reden darüber, wenn es soweit ist«, sagte ich. »Einverstanden? Jetzt muss ich dir die Hand aufschneiden, denn tue ich es nicht, wirst du sie nicht mehr lange haben.«

Er sah mich entsetzt an. Dann nickte er stumm. »Okay«, sagte er.

Mit einer Rasierklinge schnitt ich ihm ohne jegliches Betäubungsmittel die Wunde auf. Er verkrampfte sich unter heftigen Schmerzen, gab jedoch keinen Laut von sich. Auch als ich den Eiter aus der Wunde drückte und sie anschließend mit einer Kochsalzlösung desinfizierte und mit meinem medizinischen Nähzeug, das mir meine Mutter geschickt hatte, vernähte, blieb er still. Ich legte ihm einen Verband auf. »Deine Hand kann jetzt heilen«, sagte ich.

Osama standen die Tränen des Schmerzes in den Augen. Er biss sich auf die gesunde Hand und nickte. »Weißt du, Hans, so etwas hätte ein Ägypter nie getan, ohne eine Gegenleistung zu fordern«, sagte er.

»Bist du sicher?«

»Ich weiß, dass du ein gutes Herz hast«, sagte er. »Hilf mir bitte hier heraus, wenn du kannst.«

Ich wollte kein Versprechen geben, das ich nicht mit Sicherheit halten konnte. Deshalb klopfte ich ihm auf die Schulter. »Wir werden sehen«, sagte ich.

Der Dezember verging ohne Telefonat mit Lisa und ohne Verhandlungstag. Immerhin bekam ich ein Weihnachtsgeschenk. Es war eine Orange, eine im *Tora*-Gefängnis seltene Frucht. Osama legte sie im Vorbeigehen wortlos auf meine Betonbank. Als ich es realisierte, war er schon wieder verschwunden. Ich nahm sie und dachte an die Orangen, die ich in Freiheit achtlos gegessen hatte. Ich hatte mir nie vorstellen können, was für eine große Sache so eine kleine Frucht sein konnte.

An einem Morgen im Januar, an dem die Kälte durch die Gitterstäbe zu uns in die Zelle kroch, lag ich einige Stunden wach auf meiner Bank. Ich war von einem Albtraum aufgewacht, den ich schon öfter gehabt hatte. Darin verfolgte mich eine Eule. Ich war eine Rennmaus, die durch endlose Gänge huschte. Egal, welche Abzweigungen ich nahm, die Eule kam immer näher. Am Ende versteckte ich mich hinter einer Wand, aber die Eule brach mit ihren Krallen einfach durch und fasste mich.

Am Nachmittag desselben Tages besuchte mich Mailath wieder einmal. Ich wechselte kaum ein Wort mit ihm. Was das Verfahren gegen mich betraf, war die österreichische Botschaft meiner Meinung nach zu nichts zu gebrauchen.

Erst als ich nach dem Treffen mit Mailath zurück in der Zelle war, fiel mir auf, dass zwischen den Wasserflaschen, die er mir auch dieses Mal gebracht hatte, ein Brief lag. Er war von Lisa. Sie hatte ihn wie immer am Computer geschrieben und ausgedruckt. Ich las den ersten Satz.

Lieber Hannes, ich möchte dir in deiner schwierigen Situation kein unnötiges Leid zufügen.

Meine schwierige Situation? Kein unnötiges Leid? Das fing nicht gut an. Ich hatte bisher gedacht, dass wir gemeinsam in einer schwierigen Situation waren, die wir auch gemeinsam bewältigen würden. Etwas in mir sträubte sich dagegen, doch ich las weiter.

Ich dachte, wir würden das gemeinsam durchstehen. Doch meine Kraft ist verbraucht. Ich bin am Ende. Es tut mir so leid, aber ich kann nicht mehr. Ich habe viel nachgedacht. Viel mit mir gerungen. Ich muss Abstand gewinnen, sonst falle ich dir am Ende nur zur Last. Ich werde von hier fortziehen. Ich gehe nach Wien. Ich muss weg aus den Ruinen unseres Lebens. Ich werde die Scheidung einreichen. Mit schwerem Herzen, deine Lisa.

21

Drei Tage danach hielt mir Karl eine Flasche hin. »Trink«, sagte er. »Du solltest wenigstens trinken.«

Ich nahm müde drei Schlucke.

»Das kann so nicht weitergehen«, sagte Karl. »Du isst nicht. Du trinkst nicht. Du redest nicht. Du liegst nur da. Weißt du überhaupt, wo du bist?«

Ich starrte die Gitterstäbe in einem der Fenster an. Es interessierte mich nicht, wo ich war. Kämpfen. Die ganze Zeit war Kämpfen das Thema gewesen. Bloß wusste ich nicht mehr, wofür ich kämpfen sollte.

Karl stellte die Wasserflasche neben mir ab. »Wir gehen jetzt zum Gefängnisarzt«, sagte er. Seine Stimme klang bestimmt. »Ich habe das mit den Wärtern bereits arrangiert.«

Er fasste mich unter den Schultern und richtete mich auf. Willenlos folgte ich seinen Befehlen. Ich erhob mich von der Bank und ließ mich zur Zellentür führen.

Als Karl mich durch den Gang zog, schwindelte mich. Wir kamen in einen Raum, den ich zum ersten Mal sah. Bisher kannte ich nur das Zimmer des Direktors, das des *Chief of Investigation* und das Besucherzimmer. Ich stellte fest, dass es eine Liege gab, auf die ich mich setzte, nachdem mich Karl dazu aufgefordert hatte. »Jetzt leg dich hin«, befahl er.

Ich spürte einen Stich im Unterarm. Erst jetzt wurde mir klar, dass sich ein weiterer Mann im Raum befand. Karl redete mit ihm. »Ja, eine Infusion«, sagte er. »Er braucht Zuckerlösung. Jetzt sofort.«

Ich dachte an den Arzt, der Osamas Hand genäht hatte. Sich von ihm eine Infusion verabreichen zu lassen, war vermutlich auch eine Art, Selbstmord zu begehen. Ich schloss die Augen.

Danach vegetierte ich wieder dahin. Alles kam jetzt zusammen. Die Hoffnungslosigkeit und die Strapazen des vergangenen Jahres. Der Verlust eines Viertels meines Gewichtes hatte meinen Körper geschwächt. Nachdem ich Lisas Brief gelesen hatte, war von meiner Widerstandskraft nicht mehr viel übrig gewesen. Ich litt an einer Lungenentzündung, wie sich herausstellte. Jetzt erwies sich die Botschaft doch noch als hilfreich. Sie versorgte mich mit Medikamenten.

Der Termin für die Urteilsverkündung stand inzwischen fest. Anfang März sollte es soweit sein. Bis dahin wusste ich nicht, wohin mit mir selbst. Ich hatte nicht einmal Lust zu lesen. Schließlich hatte Karl eine gute Nachricht für mich. Es war, als würde er damit ein Streichholz in meinem Herzen anzünden. »Hannes«, sagte er, »ich habe einen Ägypter mit einem Handy gefunden.«

Ich sprang so schnell auf, dass mir schwarz vor den Augen wurde. »Wo?«, sagte ich. »Wer?«

Karl deutete auf einen hageren Mann mit einem Schnurrbart.

Ich werde sein Handy benutzen, um jeden Preis, dachte ich. Ich wollte Lisas Stimme hören. Was immer sie mir zu sagen hatte, sie sollte es persönlich tun.

Ich gab dem Mann zu verstehen, dass ich sein Handy benützen würde, egal was er davon hielt. Er nickte verängstigt. Ich drückte ihm 100 Pfund in die Hand und machte ihm mit Gesten klar, dass er mir das Handy geben solle, sobald die meisten anderen schliefen.

Die Stunden bis zum Sonnenuntergang verrannen zäh wie alter Kleber. Ich saß auf meiner Bank und kaute an meinen

Fingernägeln. Karl saß mir gegenüber und betrachtete mich besorgt. »Egal, was passiert, du musst bei der Urteilsverkündung wieder fit sein«, sagte er. »Du darfst dich jetzt nicht gehen lassen.«

Ich sah ihm an, dass seine Durchhalteparole genauso ihm selbst galt wie mir, verkniff mir aber eine Antwort und nickte nur.

Als es Abend wurde, kam der Ägypter an meiner Bank vorbei und deponierte das Handy unauffällig in meiner Hand. Mit zittrigen Fingern wählte ich.

»Hallo? Wer ist da?«

Schon der Klang ihrer Stimme, als sie das sagte, hatte etwas Heilendes für mich, körperlich ebenso wie geistig.

»Ich bins.«

Ich konnte Lisa weinen hören. »Oh mein Gott Hannes!«, sagte sie. »Endlich rufst du an! Ich dachte schon, du willst nichts mehr von mir wissen. Es tut mir alles so leid!«

Ich wusste nicht genau, was ich davon halten sollte. Ich schwieg und wartete.

»Ich war an einem ziemlich dunklen Punkt in meinem Leben angelangt«, sagte sie. »Du weißt nicht, wie leid es mir tut.«

Ich presste meine Augenlider aufeinander, um nicht ebenfalls zu weinen.

»Lisa, willst du das wirklich?«, fragte ich.

»Was meinst du?«

»Die Scheidung.«

»Nein, will ich nicht«, sagte sie mit tränenerstickter Stimme. »Bitte verzeih mir.«

Wir schwiegen minutenlang. »Hannes?«

Warum hatte sie mir nicht noch einmal geschrieben, wenn sie es sich anders überlegt hatte? Oder hatte sie mir geschrieben, und ich hatte den Brief nicht bekommen?

Ich räusperte mich. »Es ist gut«, sagte ich. »Es ist gut.«

Ich wusste, dass die Sache mit diesem Gespräch noch nicht geklärt war. Doch mein Überlebensmotor war wieder angesprungen. »Ich liebe dich«, sagte ich.

»Ich liebe dich auch, Hannes.«

Ich fuhr mir über die Stirn. »Lisa«, sagte ich. »Noch eine Woche bis zur Urteilsverkündung. Wenn du jetzt sagst, wir stehen das durch, dann erwarte ich deine Unterstützung.«

Lisa schniefte. »Wir stehen das durch«, sagte sie.

Die Woche bis zur Urteilsverkündung verging danach zügig. Wie an den Prozesstagen davor führten die Wärter Karl und mich gemeinsam mit anderen Untersuchungshäftlingen zum Käfig im Hof. Am Weg dorthin gingen wir an Osama vorbei. Er sah mich mit ernster Miene an und nickte mir zu. Es war wohl seine Art, mir alles Gute zu wünschen.

Danach warteten wir wieder einmal auf den Laster. Es war erträglich, weil die ägyptische Sonne zu dieser Jahreszeit nur schwach vom Himmel schien. Vielleicht bildete ich es mir ein, aber der Fahrer schien dieses Mal sanfter als sonst zu fahren. Karl und ich taumelten nicht durch den Container.

Im Gerichtsgebäude mussten wir zuerst wieder hinunter in den Keller. Der altbekannte Teppich aus Scheiße wartete dort auf uns. Ich registrierte den Gestank kaum, obwohl ich ihn schon so lange nicht ertragen hatte müssen.

Die Stunden vergingen. Es wurde Mittag, dann Nachmittag. Endloses Stehen von Häftlingen in der Scheiße war nicht nur eine Folge der Unfähigkeit Ägyptens, einen menschenwürdigen Strafvollzug zu etablieren. Derartige Torturen entsprangen auch der Philosophie, Häftlinge seien schlechte Menschen und müssten deshalb leiden.

Um 17 Uhr riefen die Wärter unsere Namen. Sie packten uns dieses Mal nicht wie sonst an den Armen. Sie ließen uns vielmehr den Vortritt, als sie uns hinauf in den Gerichtssaal führten. Es fühlte sich beinahe an wie die Höflichkeit, die Todeskandidaten am Tag ihrer Hinrichtung zuteilwird.

Der Gerichtssaal war besser besucht denn je. Die Wärter mussten uns einen Weg frei machen, so viele Menschen wollten bei unserer Urteilsverkündung dabei sein. Ich vermutete, dass die ägyptischen Zeitungen wieder über uns berichtet hatten. Aus Nagibs Sicht wäre es nur konsequent gewesen, dafür zu sorgen. Es mehrte seinen Glanz als irdischer Vertreter Allahs, wenn die Medien über seinen Kampf gegen ausländische Ungläubige berichteten. Darum ging es ihm schließlich. Dafür betrieb er all den Aufwand.

Die Wärter sperrten uns in den Käfig. Der Richter erhob sich. Er bat um Ruhe im Saal. Der Dolmetscher stellte sich neben uns, bereit, jedes Wort des Richters zu übersetzen.

Ich fragte mich in diesem Moment, worauf wir eigentlich die ganze Zeit gehofft hatten. Noch immer auf Gerechtigkeit? Wir hatten es anscheinend verdrängt, doch der Richter hatte genau wie der Staatsanwalt und der Zivil-Ankläger bereits nachdrücklich klargestellt, dass ihnen Gerechtigkeit gleichgültig war. Wir waren Projektionsflächen für den Hass eines vom politischen Wandel verwirrten und religiös aufgewiegelten Volkes geworden. Noch ehe der Dolmetscher das erste Wort übersetzte, war mir klar, dass wir verloren hatten. Ich fragte mich bloß, warum ich das nicht längst eingesehen hatte.

»Das Gericht ist zu dem Schluss gekommen, dass die Beweise, die der Anwalt der Angeklagten vorgelegt hat, nur dazu dienen sollten, das Gericht von seiner vorgefertigten Meinung abzubringen«, sagte der Richter. »Das Gericht hat diese Beweise deshalb nicht gewürdigt. Das Gericht stützt sich bei seinem Urteil vielmehr auf die Aussage eines Zeugen, der bei der Flughafenpolizei tätig ist. Den Vorbehalten des Anwaltes der Angeklagten gegen diesen Zeugen hat das Gericht keine Rechnung getragen. Das Gericht sieht den Beamten als aufrichtigen Bürger Ägyptens, was bedeutet, dass er die Wahrheit spricht. Das Gesetz von 1968, demzufolge der Besitz von Waffen in Ägypten erlaubt ist, gibt es tatsächlich. Ich habe selbst nachgesehen.« An dieser Stelle machte der Richter eine rhetorische Pause. »Im Sinne Allahs und der Sicherheit unseres Landes Ägypten ist mir dieses Gesetz aber vollkommen egal.«

Rufe aus dem Publikum. Sie klangen wie Jubelrufe.

Der Richter fuhr fort. »Mich als Richter interessiert es nicht, ob die Angeklagten schuldig oder nicht schuldig sind«, sagte er. »Sie sind schmutzige Ausländer und Ungläubige, die vernichtet gehören.«

Karl und ich starrten nach vorn zum Richterpult, wo der Mann, der die Aufmerksamkeit des gesamten Gerichtssaales sichtlich genoss, jetzt die Fäuste schwang. Der Richter formulierte genau das, was mir eben als logische Konsequenz unserer Verhaftung und unserer Anklage durch den Kopf gegangen war, doch die Offenheit, mit der er es tat, überrumpelte mich.

»Wenn es nach mir ginge, würde ich alle Ungläubigen hängen lassen«, sagte der Richter. »Leider kann ich dieses Strafmaß an diesem Gericht nicht verhängen. Deshalb verhänge ich die höchstmögliche Strafe, die für die beiden Angeklagten möglich ist.« Er deutete auf mich. »Der erste Angeklagte erhält sieben Jahre erschwerte Haft.« Sein Finger wanderte in Richtung Karl. »Der zweite Angeklagte erhält drei Jahre erschwerte Haft.«

Karl rüttelte mich an der Schulter. »Hast du das gehört?«

Ich öffnete den Mund. Ich wollte etwas sagen, brachte aber keinen Ton hervor.

»Hab ich das gerade richtig verstanden?«, sagte Karl. Er hämmerte mit den Fäusten gegen das Gitter. »Ist das hier echt?«, schrie er. »Ist das real?«

Die Wut, die anfangs auch in mir hochgekocht war, wich unversehens tiefer Verzweiflung. Ich presste die Fäuste gegen meine Schläfen. Jetzt funktionierte auch meine Stimme wieder. »Das ist nicht wahr«, sagte ich. »Das ist nicht wahr. Das ist nicht wahr.«

Lisa

Ein Mitarbeiter der Botschaft rief mich an. Ich nahm sofort ab. Ich hatte mich daran gewöhnt, immer erreichbar zu sein. Mein Telefon durfte nie weiter als einen halben Meter von mir entfernt sein. Die Botschaft, der Anwalt oder vielleicht sogar Hannes konnten anrufen. Es war der Tag der Urteilsverkündung, der in meinem Kalender rot markiert war, und ich wartete schon die ganze Zeit auf diesen Anruf.

Am liebsten wäre ich selbst nach Kairo geflogen, aber meine finanziellen Möglichkeiten waren begrenzt. Nach den vielen Ausgaben für Anwälte und anderes hatte ich schlicht kein Geld für ein Flugticket. Es ging auch um Effizienz. Das wenige Geld, das ich hatte, musste ich dort einsetzen, wo es am meisten brachte. Das Urteil würde aber nicht anders ausfallen, wenn ich bei seiner Verkündung in den Zuschauerbänken saß.

Am Telefon war Schönburg. »Liebe Frau Führinger, ich hätte gerne eine andere Nachricht für Sie«, sagte er. »Es tut mir leid, dass ich Ihnen das jetzt sagen muss. Heute hat der Richter das Urteil verkündet, das wissen Sie ja. Es hat sich auch schon abgezeichnet, dass es …«

»Wie lautet das Urteil?«

»Sieben Jahre.«

Mein erstes Gefühl war Erleichterung. Ich hatte nicht mehr mit einem Freispruch gerechnet. Ich war insgesamt sechs Mal in Kairo gewesen. Ich war von Amt zu Amt gefahren, hatte Dokumente übersetzen und beglaubigen lassen, Informationen eingeholt oder bestätigt, mit österreichischen und ägyptischen Beamten in Wien und Kairo verhandelt. Als Frau, die mit diesen Dingen nie etwas zu tun gehabt hatte. Ich hatte manches vielleicht richtig, vieles aber auch falsch gemacht. Deshalb war das Urteil trotz seiner Härte fast eine

Erlösung. Der erbitterte Kampf, den ich geführt hatte, war vorbei. Sieben Jahre waren eine lange Zeit, aber uns blieb die Chance auf ein gemeinsames Leben. Wir konnten noch ein Kind miteinander haben, wenn wir wollten, und wir konnten miteinander alt werden. Wir hatten noch eine gemeinsame Perspektive.

Sieben Jahre waren auch besser als andere Szenarien, die im Raum gestanden haben. Einmal war von 45 Jahren die Rede gewesen. Ein anderes Mal hatte ich nachgefragt, welche Strafe in Ägypten auf Spionage und Terrorismus stand. Die Antwort hatte mich dermaßen entsetzt, dass ich diese Variante einfach verdrängt hatte.

22

Der Wärter öffnete die Zellentür und schubste Karl und mich hinein. Wir hatten während der ganzen Fahrt zurück zum Gefängnis kein Wort miteinander gewechselt. Es gab wohl auch nichts mehr zu sagen. Wir setzten uns schweigend auf unsere Betonbänke.

In meinem Kopf herrschte rasendes Durcheinander. Wann würde ich meine Tochter wiedersehen? Würde sie mich noch erkennen? Würde ich noch der Mensch sein, der ich war, als sie mich zum letzten Mal sah? Was bedeutete erschwerte Haft? Würde ich sieben Jahre überleben? An welche Perspektive sollte ich mich klammern? Würde ich mit einem Einspruch gegen das Urteil eine Chance haben? In einem Land wie Ägypten? Würde Lisa durchhalten? Konnte ich auf sie vertrauen? Wie hatte sie auch nur mit dem Gedanken spielen können, mich im Stich zu lassen?

Ich dachte zum ersten Mal seit langem wieder an meinen Vater. Wenn es in meiner Umgebung einen Menschen gab, den es noch übler erwischt hatte als mich, dann war er es. Eine Fischgräte blieb in seiner Speiseröhre stecken. Die Ärzte hatten beim Entfernen der Gräte Fehler gemacht. Sie hatten seine Speiseröhre und seine Lunge mehrmals punktiert. Dann hatten sie ihn liegen lassen. Magensäure war in seine Lunge und in seine Speiseröhre gedrungen. Eine Blutvergiftung war die Folge gewesen. Er war in ein Koma gefallen und durch die Blutvergiftung erblindet. Die Ärzte hatten ihm ein Stück Dickdarm als neue Speiseröhre eingesetzt. Er musste von da an mit der Hand auf seinen Hals drücken, wenn er schlucken wollte. Er war manchmal verzweifelt gewesen. Doch aufgegeben hatte er nie.

Wenig später drang Geschrei von Wärtern an meine Ohren. Es klang anders als sonst. Ich hob den Kopf. Zwei dieser im Grunde traurigen Figuren in ihren grotesken Uniformen kamen auf Karl und mich zu. Sie schrien uns an. »Go! Go!«

Ich presste die Zähne aufeinander. Karl hatte mir gesagt, dass ich meine Lungenentzündung nur dank der Medikamente von der Botschaft überlebt hatte. Ich spürte, dass die Erkrankung eine Folge meiner Selbstaufgabe gewesen war. Das würde mir nicht noch einmal passieren.

Ein Wärter deutete mit seinem Schlagstock auf meinen Rucksack und wedelte dann vor meinem Gesicht damit herum. Langsam stand ich auf. Ich sah den Wärter an. Er wich zurück.

Mein Vater blieb lebenslänglich blind, dachte ich. Er musste lebenslänglich kämpfen. Er musste lebenslänglich das Gefühl ertragen, Opfer von Dilettanten geworden zu sein. Ich dagegen hatte diese sieben Jahre. Nur diese sieben Jahre. Weniger 18 Monaten, die ich in der Untersuchungshaft verbracht hatte, waren es noch etwas mehr als fünf.

Ich packte meine Sachen. Dank mühsamer Tauschgeschäfte besaß ich schon einiges. Einen kleinen Ventilator, der kaputt gewesen war, als ich ihn eingetauscht hatte, und den ich reparieren konnte. Ich hatte sogar einen Wasserkocher. Außerdem eine Luftmatratze, die Decken, meinen Schlafsack, meine Briefe, jede Menge Bücher und einige durchwegs weiße Kleidungsstücke.

Der Wärter, der eben noch zurück gewichen war, wurde wieder aufdringlicher. Er schlug mit dem Schlagstock in seine linke Hand und schrie uns auf Arabisch an. Ich konnte noch einige Konservendosen in den Rucksack packen, ehe er mich am Arm hochzerrte. »Go!«

Die Wärter führten Karl und mich aus der Zelle in den Hof. Dort stand Osama. Er hob die Hand. Wir blieben stehen. Er redete auf Englisch mit mir, damit ihn die anderen Wärter nicht verstehen konnten. »Mein Freund, sie bringen euch in ein Hochsicherheitsgefängnis innerhalb des Tora-Gefängnisses«, sagte er. »Es heißt Tora Luman. Merk dir den Namen gut, falls jemand wissen will, wo du bist. Tora Luman. So Gott will, sehen wir uns wieder. Denk an mich, mein Freund.« Er machte eine abfällige Geste, wohl damit seine Worte an mich den anderen Wärtern nicht verdächtig erschienen.

Sie sperrten Karl und mich in einen Lastwagen, der sofort losfuhr. Wie bei unserer Ankunft vor 18 Monaten konnte ich durch die viereckigen Luftlöcher in den Seitenwänden die Wüstenlandschaft vorbeiziehen sehen. Karl und ich hatten seit der Urteilsverkündung noch immer kaum miteinander gesprochen. Ich sah ihn an, doch er mied meinen Blick.

Als der Wagen hielt, öffnete ein Wärter die Tür und schlug mit seinem Schlagstock gegen die Wand. Wir stiegen aus und betrachteten unser neues Gefängnis von außen. Gepanzerte Fahrzeuge standen vor einer halb verfallenen Steinmauer. In der Mitte der Mauer befand sich ein Tor aus Holz. Der ganze Komplex sah mittelalterlich aus.

Die Wärter führten uns durch das Tor in den Eingangsbereich des *Tora-Luman*-Komplexes. Dort begrüßten sie ihre Kollegen und fingen eine Unterhaltung mit ihnen an. Einer nahm mir beiläufig den Rucksack ab und kippte seinen Inhalt auf einen Tisch in einer Ecke des Raums. Ohne uns anzusehen, führte er dabei sein Gespräch weiter.

Er ging zu einem Schrank und nahm ein längliches Gerät heraus. Es handelte sich offenbar um einen Metalldetektor, denn er streifte damit über meine Sachen, während er über einen Witz lachte, den seine Kollegen gemacht hatten.

Als der Detektor stumm blieb, fing er an, meine Sachen auszusortieren. Fast der gesamte Inhalt meines Rucksacks landete am Boden. Als er meine Decke und meine Kleider ebenfalls auf den Boden warf, machte ich einen Schritt auf ihn zu. »Das brauche ich«, sagte ich auf Englisch.

Das Gespräch verstummte. Der Wärter, den ich angesprochen hatte, starrte mich an. Langsam deutete er auf meine Kleider. »White«, sagte er. »Here no white. Blue.« Er deutete zu einem Schrank an der Wand des Zimmers, in dem blaue Lumpen lagen. Die Wärter lachten, als wäre das ein großartiger Witz gewesen.

Ich konnte schließlich eine Decke, mein Schreibzeug, T-Shirts und Unterwäsche, die offenbar weiterhin weiß sein durften, und meine Zigaretten behalten.

In unseren zerfallenden blauen Lumpen führten uns die Wärter in die Tiefe des *Tora-Luman*-Komplexes. Ich schätzte, dass er mindestens zehn einzelne Zellenblöcke umfasste. Jede Zelle maß etwa 30 mal 50 Meter. 150 Quadratmeter, in die jeweils 200 bis 300 Menschen gepfercht waren. Die Zellen hatten keine vollständigen Dächer. Ich sah auch keine Fenster. Sie waren schlechter als Viehstallungen.

Die Wärter öffneten eine Zellentür und winkten uns hinein. Wir konnten nicht einfach durch die Zelle gehen. Sie war dermaßen überfüllt, dass wir uns zwischen den anderen Häftlingen hindurchdrängen mussten. Im Zellenblock des *Ambra-Azsah*-Gefängnisses hatte es wenigstens noch Betonbänke gegeben, hier gab es nichts. Nur die nackten Wände, an einer Seite ein Gitter und den Betonboden.

Überall war Ungeziefer und an den Wänden huschten riesige Ratten entlang. Findige Häftlinge hatten sich Hängematten gefertigt, die lebensgefährlich aussahen. Sie hingen entlang des Gitters in drei bis fünf Metern Höhe und bestanden aus Leinenfetzen, alten Säcken und anderen Stoffteilen.

Ein derber Stoß riss mich aus meinen Beobachtungen. Ich hatte einen Häftling mit der Schulter gestreift. Er drehte sich zu mir um und starrte mich hasserfüllt an. Auf seiner Stirn klaffte eine übel aussehende Platzwunde, die noch nicht alt sein konnte. Er hob seinen Zeigefinger und wollte offenbar etwas sagen. Da nahmen mich links und rechts zwei andere Häftlinge an den Armen und zogen mich weg.

Die Männer lotsten mich in eine Ecke der Zelle. Sie waren nicht gewalttätig, daher protestierte ich nicht. Sie sahen anders aus als die übrigen Häftlinge. Sie trugen blaue Lumpen nicht nur am Körper, sie hatten auch welche um ihre Köpfe gewickelt. Die Ecke, in die sich mich führten, schien ihr Refugium zu sein. Ich versuchte, mit einem Nicken meine Dankbarkeit zu zeigen.

Wir setzten uns im Kreis um eine zerbeulte Kanne, aus der es dampfte. Einer aus der Runde, ein großer, glattrasierter Mann von etwa fünfzig Jahren, sprach mich auf Englisch an. »Ich grüße dich, Reisender«, sagte er. »Du bist nicht von hier.«

Karl setzte sich wortlos neben mich auf den Boden.

Unter den Büchern, die ich während der Untersuchungshaft gelesen hatte, waren viele über ägyptische Geschichte und Kultur gewesen. Ich erinnerte mich, etwas über reisende Wüstenvölker gelesen zu haben. »Nein, ich bin nicht von hier«, sagte ich. »Aber ihr seid auch nicht von hier, nicht wahr? Ihr seid Beduinen.«

Er nahm einen langen, gebogenen Löffel und rührte in der Kanne. Dabei nickte und lächelte er. »Du hast recht. Kommt, trinkt mit uns Tee.«

Aus einem Stoffbeutel nahm er mehrere kleine Blechschalen. Behutsam schöpfte er Tee in zwei Schalen und reichte sie Karl und mir.

Ich hatte gelesen, dass die Beduinen ein stolzes Nomadenvolk sind, das für seine Gastfreundschaft bekannt ist. Dass dieses kulturelle Prinzip selbst unter diesen verdreckten, unmenschlichen Bedingungen galt, machte mir Mut. Einen Augenblick lang fühlte ich mich sogar, als wäre ich gar nicht im Gefängnis. Wie hypnotisiert sah ich dem Mann zu, wie er seelenruhig Tee trank, während sich um uns auf engstem Raum mehr als 200 Verbrecher tummelten.

»Erzähl mir, Reisender«, sagte er. »Woher kommst du?«

Ich nahm einen Schluck Tee. »Ich komme aus Österreich«, sagte ich.

Er sah mich erwartungsvoll an.

»Das ist ein kleines Land in der Mitte Europas«, sagte ich. »Es grenzt an Deutschland an.«

Der Beduine schmunzelte. »Ich kenne Österreich«, sagte er. »Wir sind Wanderer, keine Barbaren, mein Freund.«

»Entschuldige bitte«, sagte ich. »Ich hatte in letzter Zeit selten die Gelegenheit, mit gebildeten Menschen zu sprechen. Ich bin es wohl nicht mehr gewöhnt.«

Der Beduine lächelte und nickte.

Diese Menschen waren keine Kriminellen, davon war ich überzeugt. »Warum seid ihr hier?«, sagte ich. »Warum haben sie euch eingesperrt?«

Der Mann schnalzte mit der Zunge und schüttelte den Kopf. »Menschen, die Grenzen brauchen, um sich zu Hause zu fühlen, schätzen Wanderer wie uns nicht«, sagte er. Er nahm wieder einen Schluck und sah mich an. »Wir haben keine Papiere, keine Ausweise. Wir tragen Waffen, um jagen und unsere Familien schützen zu können. Wir verbüßen eine Strafe wegen illegalen Waffenbesitzes und Verstoßes gegen die Ausweispflicht.«

Was hatte ich auch anderes erwartet?

Der Sinai, in dem die Beduinen leben, ist eine abgeschottete Welt. So viel hatte ich bei meiner Lektüre mitbekommen. Die Beduinen blieben dort unter sich und selbst Militär und Polizei wagten sich kaum dorthin vor. Wer untertauchen wollte, konnte es dort tun.

Die Beduinen waren nach wie vor ein Volk, von dem niemand so genau wusste, wo es lebte, wie es lebte und wie viele Menschen es zählte. Unter Husni Mubarak waren sie Bürger zweiter Klasse gewesen. Die Ägypter betrachteten sie nicht als Landsleute. Zum Beispiel hatten sie kein Recht auf Geburtsurkunden, die aber Voraussetzung dafür gewesen wären, Reisepässe oder andere Ausweise zu bekommen. So viel zum Verstoß gegen die Ausweispflicht.

Der Beduine mir gegenüber stellte seine Teeschale ab und zuckte mit den Schultern. »Erzähl mir, Reisender, warum seid ihr hier, du und dein stiller Freund?«

Ich seufzte und erzählte.

Die Beduinen genossen in der Zelle Respekt, und es half uns, dass sie Karl und mich demonstrativ in ihren Clan aufnahmen. Nachdem ich mich, so gut es eben möglich gewesen war, an das Leben in meiner alten Zelle angepasst hatte, fiel mir die Umstellung auf die neue Zelle im *Tora-Luman*-Komplex dennoch schwer. Die Bedingungen waren hier deutlich schlechter. So standen für die mehr als 200 Menschen in unserer Zelle nur vier, durch Plastikplanen geschützte Klos zur Verfügung.

Der Mann mit der Wunde auf der Stirn stand fast den ganzen Tag davor und kassierte von jedem, der sie benutzen wollte, fünf Zigaretten. Neben den Klos waren Leintücher so gespannt, dass ein kleiner viereckiger Raum entstanden war. Darin standen zwei Eimer voll Wasser, mit denen wir uns waschen konnten. Das kostete eine ganze Schachtel Zigaretten.

Auch in der Ecke der Beduinen, in der wir unser Lager aufschlugen, herrschte Platznot. Deshalb konnten nicht alle gleichzeitig schlafen. Die acht Beduinen hatten zur Lösung dieses Problems in der ganzen Zelle Schlafschichten eingeführt, wovon auch alle anderen profitierten.

Überhaupt waren die Beduinen wahre Überlebenskünstler. Mit Seilen, die sie in der Zelle spannten und an die sie Stoffe hängten, hatten sie kleine Schlafsäcke gebaut, die sie vor dem allgegenwärtigen Ungeziefer schützten. Aus dickem Leinen und einer elektrischen Spindel hatten sie sich sogar einen kleinen Ofen gebaut. Obwohl ich mich schon immer mit Überlebenstechniken und Handwerk beschäftigte, wusste ich nicht, wie er funktionierte. Doch sie machten damit zum Beispiel Brot aus Mehl und kochten Suppen aus Datteln.

So wie uns in der Untersuchungshaft Amar über die ersten Tage mit Lebensmitteln hinweg geholfen hatte, halfen jetzt sie uns. Wir aßen nicht nur ihr Brot und ihre Dattelsuppe, sondern auch ihre Eintöpfe, die undefinierbar aussahen aber gut schmeckten.

Mit der Zeit lernte ich unsere freundlichen Gastgeber besser kennen. Sie verständigten sich untereinander in hebräischer Sprache, in die immer wieder Wortfetzen aus anderen Sprachen einflossen. Dieses Nomadenvolk war offenbar immer schon am kulturellen Austausch interessiert gewesen. Die Beduinen sahen Gastfreundschaft nicht als Akt des Entgegenkommens, sondern als Bereicherung für sich selbst.

Nicht alle acht waren wegen illegalen Waffenbesitzes und Verstoßes gegen die Ausweispflicht hier. Einer von ihnen hatte offenbar israelischen Soldaten als Scout in den Bergen des Sinai gedient, was kein Wunder war, weil alle Beduinen schon immer auf der Seite der Israelis gewesen waren. Anfang der 1980er Jahre hatte ihn die ägyptische Polizei verhaftet und als Spion und Verräter verurteilt. Der Mann saß nun seit fast dreißig Jahren in diesem Loch, und dennoch hatte er sich seine Freundlichkeit, seine Herzlichkeit und seine Hilfsbereitschaft bewahrt.

Nach vier Tagen saß ich gerade bei den Beduinen und erzählte ihnen von der europäischen Lebensart, als ich jemanden meinen Namen schreien hörte. In der Zellentür standen mehrere Wärter. Sie führten mich hinaus in den administrativen Bereich. Vor einer unscheinbaren Tür blieben sie stehen. Einer der Wärter öffnete sie und bedeutete mir, hineinzugehen. Als ich durch die Tür trat, wurden meine Knie weich. Vor mir stand Lisa. Sie fiel mir weinend um den Hals.

Darauf war ich nicht vorbereitet gewesen. Eine Flut von Emotionen kam in mir hoch, doch ich war wie erstarrt. »Ist ja gut«, sagte ich zu Lisa. »Alles ist gut.«

Lisa

Einen Monat nach der Urteilsverkündung flog ich wieder nach Kairo. Ich wollte Hannes sehen. Im Ambra-Aszah-Gefängnis, in dem ich ihn vermutete, war er nicht mehr. Wieder musste ich ihn suchen, weil mir wieder niemand sagen konnte, wo er war. Wieder fuhr ich mit Tucktucks herum oder mit diesem seltsamen Vehikel, das in der weitläufigen Anlage des Tora-Gefängnisses verkehrte. In all dem Braun, dem Grau und dem Staub sah es aus wie aus einer anderen Welt. Es war eine Art Liliputbahn ohne Schienen. Ein Traktor zog sie, der im gleichen Grün und Gelb gehalten war, wie die Waggons. Für ein oder zwei Pfund brachte sie Besucher jeweils ans gewünschte Ziel.

Schließlich hieß es, Hannes und Karl wären im Tora-Luman-Gefängnis. Ein Mitarbeiter der österreichischen Botschaft namens Wolfgang Bittner begleitete mich dorthin. Alleine wäre ich chancenlos gewesen. Ich wusste inzwischen, wie die ägyptischen Gefängnisbeamten eine Frau behandelten, die alleine kam. Sie ließen mich abblitzen, und wenn ich Druck machte, sagten sie »malesch«. Das bedeutete so viel wie »beruhige dich«.

Nach stundenlangem Umherirren standen Bittner und ich Hannes in einem Besucherraum gegenüber. Bei unserer letzten Begegnung hatte er noch vergleichsweise gut ausgesehen. Jetzt war er weiß im Gesicht und zitterte am ganzen Körper.

23

Hinter Lisa stand ein Mann. Er hatte die Hände hinter dem Rücken verschränkt und nickte mir zu. Ich kannte ihn nicht, doch er konnte nur von der österreichischen Botschaft sein.

»Es tut mir leid, aber wir haben wahrscheinlich kaum Zeit«, sagte er. »Mein Name ist Wolfgang Bittner. Ich bin jetzt in der Botschaft für Sie zuständig.«

Lisa ließ mich los. »Ich bin so froh, dich zu sehen«, sagte sie.

Bittner legte ihr die Hand auf den Arm, während er mir die andere zur Begrüßung reichte. »Wir müssen uns jetzt auf das Wesentliche konzentrieren«, sagte er.

Ich gab ihm die Hand und nickte. »Sie haben recht«, sagte ich.

Bittner, ein Mann mit schütteren blonden Haaren und schmalem Gesicht, trat nahe an mich heran und senkte seine Stimme. »Wir haben die Genehmigung, dass Sie ein Telefonat führen dürfen. Dennoch wollten sie uns am Eingang die Handys abnehmen. Deshalb meine Vermutung, dass sie uns wenig Zeit lassen werden. Wie geht es Ihnen? Wie sind die Umstände in der Zelle?«

Ich lachte kurz auf. »Miserabel«, sagte ich. »Alles ist verdreckt und voller Fäkalien. Auf engstem Raum drängen sich hunderte Häftlinge. Ratten und Insekten überall. Wenn mich nicht wohlmeinende Beduinen in ihre Runde aufgenommen hätte, hätten mich die anderen vermutlich ausgeraubt und verprügelt. Die sanitären Anlagen verdienen diesen Namen nicht und sind außerdem entgeltlich. Wir bekommen kein Essen. Es gibt keinerlei Einrichtung.

Wir müssen in Schichten schlafen, weil sonst nicht genug Platz wäre. Was wollen Sie noch wissen?«

Bittners Kopf war während meines Berichtes rot geworden. Er sah mich entsetzt an. Er schien um Worte zu ringen. »Das ist unerhört«, sagte er. »Das dürfen diese Leute nicht mit Ihnen machen. Kommen Sie mit.«

Er schien tatsächlich wütend zu sein. Seine schmalen Hände, an denen er einen schweren goldenen Ring trug, zitterten ein wenig. Er ging zur Tür und riss sie auf. Dort stieß er auf den Wärter, der Wache gehalten hatte, und brüllte ihn auf Arabisch an.

Der Wärter hob abwehrend die Hände und trat einige Schritte zurück. Der Mann führte uns durch den Komplex, wobei es eher den Anschein hatte, als würde er vor Bittner davonrennen. Nervös deutete er schließlich auf eine Tür. Bittner stieß sie auf. Lisa und ich folgten ihm in das Zimmer dahinter.

Darin stand ein gepflegt gekleideter älterer Mann hinter einem Schreibtisch und gab sich als Direktor des *Tora-Luman*-Gefängnisses zu erkennen. Er hatte offenbar nicht mit Besuchern gerechnet und sah uns leicht verwirrt an.

Bittner, dieser schmächtige Mann mit dem eleganten Auftritt, fing mit ihm auf Englisch zu diskutieren an. »Das können Sie nicht machen«, sagte er. »Dieser Mann ist österreichischer Staatsbürger. So etwas lassen wir uns nicht bieten.«

Ich fragte mich, was geschehen wäre, wenn Bittner schon früher für mich zuständig gewesen wäre. Vielleicht wäre ich dann in diesem Moment in Wien in einem Kaffeehaus gesessen und hätte die politische Entwicklung in Ägypten in der Zeitung verfolgt. Doch es gab so viele Wenns in meinem Fall, die alles besser gemacht hätten, und die in einer gespenstischen Serie doch alle nicht eingetreten waren.

Der Gefängnisleiter klappte langsam ein Notizbuch zu, das er gerade in der Hand hielt. »Ich kann Ihnen nicht ganz folgen«, sagte er zu Bittner.

Bittner schlug mit der flachen Hand auf den Tisch. »Die Zustände in diesem Gefängnis sind katastrophal«, sagte er. Er redete jetzt lauter. »Ich verlange eine bessere Behandlung für unseren Staatsbürger.«

Der Gefängnisdirektor legte sein Notizbuch bedächtig auf den Tisch und verschränkte die Arme. Er sprach langsam und deutlich. »Ich verstehe Ihre Beschwerde nicht«, sagte er. »Kennen Sie dieses Land? Ägypten? Wenn Sie es kennen würden, wären Sie vielleicht dankbar. Denn es könnte Ihrem Staatsbürger noch viel schlechter gehen.«

Bittner riss die Augen auf. »Sind Sie von Sinnen?«, sagte er. »Sie können mir nicht drohen! Das ist ein Skandal! Was glauben Sie eigentlich, mit wem Sie es zu tun haben?«

Wenn ich ihn richtig verstanden hatte, war Bittner Mitarbeiter in der Visa-Stelle der Botschaft. Für einen Mann mit dieser Funktion war sein Auftritt jedenfalls äußerst forsch.

Ich tippte ihm auf die Schulter. »Haben Sie nun ein Handy dabei?«, fragte ich.

Ich wusste, dass er eins hatte, das hatte er mir eben erzählt. Ich hatte mich auch darauf gefreut, meine Mutter und meine Tochter anrufen zu können. Doch das war nicht der Grund, weshalb ich ausgerechnet jetzt danach fragte. Ich hoffte, dass ich damit die Situation etwas entschärfen konnte. Schließlich würden Bittner und Lisa das Gefängnis bald wieder verlassen, ich würde aber hierbleiben müssen, und wenn sich die Dinge in die falsche Richtung entwickelten, würde ich die Konsequenzen zu tragen haben.

Bittner wandte sich mir zu. »Ja, ich habe eins«, sagte er. »Tätigen Sie Ihre Anrufe gleich jetzt und hier.« Er griff in die Tasche und hielt mir das Handy hin.

Der Gefängnisdirektor kniff die Augen zusammen. Angesichts der ausgestreckten Hand Bittners zögerte ich. Einige Sekunden vergingen, in denen niemand etwas tat oder sagte. Dann nahm ich das Handy. Der Gefängnisdirektor hastete blitzschnell um den Tisch herum und holte dabei aus, offenbar um es mir aus der Hand zu schlagen. Doch Lisa stellte sich zwischen ihn und mich. Der Gefängnisdirektor rannte sie um, was Bittner veranlasste, ihr zu Hilfe zu eilen. Ich wurde nun auch wütend und stieß den Direktor gegen die Wand. Der sammelte sich und stürmte aus dem Raum.

Niemand von uns sagte ein Wort. Minutenlang standen wir zu dritt da. Wir waren ratlos. »Es tut mir leid«, sagte Bittner. »Ich hätte es nicht dazu kommen lassen sollen.«

Ich schüttelte den Kopf. »Das ist schon in Ordnung«, sagte ich.

Die Tür schwang auf. Ein zivil gekleideter Mann trat mit dem Gefängnisdirektor im Schlepptau ein. »Sie sind Hannes Führinger? Sie sind Wolfgang Bittner?« Er deutete zuerst auf mich, dann auf Bittner. »Staatssicherheit. Was ist hier passiert?«

Das hatte gerade noch gefehlt. Doch zu meiner Verwunderung hörte der Mann aufmerksam zu, als Bittner die Geschehnisse schilderte. Anstatt sich, wie ich erwartet hatte, auf die Seite des Gefängnisdirektors zu stellen, schalt er ihn und entschuldigte sich bei Bittner und mir. Er gestand uns sogar noch etwas Besuchszeit zu.

Zurück im Besucherraum wollte ich noch eine Sache klären. »Lisa, was ist mit meinem Anwalt?«, sagte ich. »Ich muss Einspruch gegen das Urteil erheben. Was sagt er? Ich habe noch nichts von ihm gehört.«

Um Karls Einspruch kümmerte sich inzwischen die deutsche Botschaft. Wir konnten nur vermuten, dass die Deutschen bisher auf die Beschwichtigungen der Österreicher gebaut hatten, in der Erwartung, die würden sich um alles kümmern. Seit dem Urteil machten die Deutschen jedenfalls mächtig Druck für Karl. Für ihn ging es darum, ob ein Einspruch überhaupt sinnvoll war, oder ob er besser darauf setzte, dass er mit einer Zwei-Drittel-Strafe, einer in Ägypten bestehenden Möglichkeit, davon käme. Angesichts der langen Untersuchungshaft wäre er damit in wenigen Wochen wieder auf freiem Fuß. Um meinen Einspruch kümmerte sich hingegen niemand. Weder ein Anwalt noch die österreichische Botschaft.

Ich konnte inzwischen nicht einmal mehr Briefe mit Lisa über die Botschaft austauschen. Die hatte inzwischen eingeräumt, dass ihre Mitarbeiter sie zensierte. Es war immer offensichtlicher geworden. Die Diplomaten hatten argumentiert, dass auch in Österreich die Post von Häftlingen gelesen werde. Ich hatte entgegnet, dass dies dann Aufgabe des Gefängnisses sei, nicht aber die des Außenministeriums. Ich hatte danach Elkes Angebot angenommen, dass sich die Evangelische Gemeinschaft um unsere Post kümmern könne.

Mein Einspruch gegen das Urteil würde jedenfalls schwierig werden. Denn Lisa sah mich auf meine Frage nach dem Anwalt hin traurig an und zuckte mit den Achseln. »Ich habe auch nichts von ihm gehört«, sagte sie. »Ich erreiche ihn nicht. Aber ich kläre das.«

Ich dachte nach. »Ich fürchte, da gibt es nichts zu klären«, sagte ich. »Welchen Grund wird er wohl haben, sich nicht mehr zu melden? Vermutlich haben die ihn bedroht oder gekauft. Ich brauche einen neuen Anwalt.«

Zurück in der Zelle setzte ich mich zu den Beduinen. Der Mann, mit dem ich mich bis jetzt immer unterhalten hatte, bereitete Tee zu. Ich schloss die Augen. Handgreiflichkeiten eines Gefängnisdirektors bei einem Treffen mit einem Vertreter der österreichischen Botschaft. Was würde noch alles kommen? Ich erinnerte mich an das Versprechen, das ich mir selbst gegeben hatte. Nie wieder mit der Resignation zu kokettieren. Es hatte ein Feuer in mir entfacht. Dieses Feuer brannte noch, und es würde weiter brennen.

Als ich die Augen wieder öffnete, hielt mir der Beduine eine Schale hin. »Eine beschwerliche Reise«, sagte er. »Nicht wahr?«

24

Nach einer Woche forderten uns die Wärter auf, unsere Sachen zu packen und mitzukommen. Wieder einmal. Wir hatten nicht viel Zeit, aber dafür auch fast keine Habseligkeiten mehr. Ich wollte mich bei den Beduinen für ihre Gastfreundschaft bedanken. Sie hatten mir Mut gemacht. Doch alles ging so schnell, dass ich kein Wort mehr mit ihnen wechseln konnte.

Die Wärter führten uns durch Gänge und Korridore, bis wir einen anderen Trakt erreichten. Hier war es viel sauberer als im restlichen Gefängnis. Das Dach hatte keine Löcher und es waren keine Tumulte zu hören. Sollte Bittners heftige Intervention funktioniert haben? Die Wärter führten uns in eine Zelle und schlossen wortlos die Tür hinter uns ab.

Der Raum war etwa zwölf Meter lang und nur fünf Meter breit. Er war so verdreckt, dass er in jedem anderen Land einen Gefängnisskandal ausgelöst hätte. Es gab auch hier keine Betonbänke wie in der Untersuchungshaft, sondern die Häftlinge schliefen am Boden auf ihren Decken. Doch im Vergleich zu dem Loch, aus dem wir kamen, war es hier geradezu sauber. Mit vierzig Menschen auf sechzig Quadratmetern war auch diese Zelle dicht belegt, aber auch das war eine Frage der Relationen. Im Vergleich zum Gedränge in unserer bisherigen Zelle war das eine Wohltat.

Hätte mir vor zwei Jahren jemand gesagt, dass ich bald die Aussicht auf ein paar Jahre mit vierzig anderen Menschen in einem Raum, in dem mir durchgerechnet 1,5 Quadratmeter zur Verfügung standen, nur noch halb so schlimm finden würde, was hätte ich ihm geantwortet?

Wegen der niedrigeren Belegung dieser Zelle war auch das Aggressionsniveau niedriger. Es gab kein Geschrei, keine Rempeleien, keine Schlägereien und anscheinend keine Wächter, die für irgendetwas Geld verlangten. Niemand kümmerte sich um uns. Etwas ratlos standen wir da. »Ich sehe mich um«, sagte ich zu Karl.

Karl nickte und lehnte sich an die Wand. Ich ging durch die Zelle, aus Gewohnheit bedacht darauf, einen Respektabstand zu den anderen Häftlingen zu halten. In einer Ecke lief ein kleiner Fernseher. Die Häftlinge wirkten nicht nur entspannter, sie machten insgesamt einen besseren Eindruck als die in unserer bisherigen Zelle. Offenbar war das hier der Trakt des *Tora-Luman*-Gefängnisses für das gehobene Publikum.

An einem Ende der Zelle entdeckte ich einen Durchgang in der Wand. Dahinter befand sich eine kleine Küche. Ein Ägypter, der trainiert aussah, kochte Reis. Neben dem Reistopf lag ein Löffel. Mit einem richtigen Messer, das eine 25 Zentimeter lange Klinge hatte, schnitt er Fleisch. In unserer bisherigen Zelle wäre so ein Messer undenkbar gewesen. Seine Existenz hätte zwangsläufig dazu geführt, dass Menschen gestorben wären.

In einer Ecke stand eine echte, ganz normale Dusche. Niemand stand davor, um für ihre Benutzung zu kassieren. Es gab sogar einen Duschvorhang aus Plastikfetzen. Ich konnte es kaum glauben.

Der Ägypter sah mich über die Schulter an. »Du bist neu hier?«, fragte er. Sein Englisch klang wie das von jemandem, der es gewohnt war, seinen begrenzten Wortschatz und seine fragwürdigen Grammatik-Kenntnisse regelmäßig anzuwenden.

»Ich bin gerade angekommen«, sagte ich. »Ich heiße Hans. Du siehst aus, als würdest du viel Sport betreiben.«

»Das ist mein Job«, sagte er. »Oder sagen wir, er war es. Ich bin Islam Abdelrahman. Du kennst meinen Namen wahrscheinlich nicht, weil du nicht von hier bist, aber manche Ägypter kennen ihn. Ich bin Fußballer. Oder sagen wir, ich war es.«

Wahrscheinlich reichte es in Ägypten, im falschen Spiel einen Elfmeter zu verwandeln, um für ein paar Jahre im Gefängnis zu landen, dachte ich.

Islam interpretierte mein Schweigen richtig. »Ein Polizist wollte Schmiergeld von mir, stattdessen habe ich ihm eine Ohrfeige gegeben«, sagte Islam.

Ich fragte ihn gar nicht erst, wofür der Polizist Schmiergeld wollte. Ich wusste inzwischen, dass in Ägypten scheinbar jeder Schmiergeld für alles wollte. Bestechung schien nicht nur das Fundament des ägyptischen Justizapparates zu sein, sondern des ägyptischen Systems an sich. Sie schuf ihre eigenen Gesetze. Dazu gehörte offenbar auch, dass bestraft wurde, wer sich nicht an ihr beteiligen wollte.

Auch Lisa hatte vor kurzem Erfahrung mit Schmiergeldforderungen gemacht. Die Wärterinnen, die am Tor des Gefängnisses für die Durchsuchung der Frauen zuständig waren, hatten ihr den Reisepass abgenommen. Wenn sie ihn wieder haben wolle, hatten sie gesagt, müsse sie dafür bezahlen.

Lisa war zu mir gekommen und hatte es mir erzählt. Ich hatte daraufhin Wirbel gemacht, bis mich der Gefängnisdirektor angehört hatte. Die Sache hatte sogar Konsequenzen für die drei daran beteiligten Wärterinnen gehabt. Eine saß jetzt selbst in Haft, eine war gefeuert worden, bloß was aus der dritten geworden war, wusste ich nicht.

Auch diese Reaktion der Gefängnisdirektion wunderte mich nicht. Denn so war Ägypten auch. Jeder wusste und duldete Bestechung jeder Art, nur wenn sie einen Verantwortungsträger in Form von Fakten so ansprang, dass er unter Zugzwang geriet, reagierte er. Sobald Abstreiten nicht mehr funktionierte, änderte er blitzschnell seine Strategie. Dann schob er die Schuld auf jemanden anderen, der sich gerade anbot, und erklärte, dass sich etwas ändern müsse.

Eine Strategie, die es zweifellos auch in anderen Ländern gibt, die aber in Ägypten besonders stark ausgeprägt ist. Auch bei den Politikern. Weil sie nie an irgendetwas selbst schuld sein können, haben sie die »Foreign Fingers« im Bewusstsein der Menschen etabliert, also die ausländischen Mächte, die im Land eingreifen, und für alles, das nicht funktioniert, verantwortlich sind.

»Wie viel hast du gekriegt?«, fragte ich Islam.

»Fünf Jahre«, sagte er.

»Ich hoffe, die Ohrfeige war kräftig.«

»Woher bist du?«

»Aus Österreich.«

»Ah, Red Bull.«

Ich interessierte mich nicht sonderlich für die österreichische Bundesliga, aber dass *Red Bull Salzburg* gut war, hatte auch ich mitbekommen. Ich erzählte ihm von unserem Sicherheitsauftrag und was daraus geworden war. Er zuckte mit den Schultern. »Das ist Ägypten«, sagte er.

Ich schilderte ihm die Zelle, aus der wir kamen.

Er zuckte wieder mit den Schultern. »Es gibt noch schlechtere Zellen und noch schlechtere Gefängnisse«, sagte er. »Wir haben noch Glück hier. Hier sind vor allem politische Häftlinge untergebracht. Wenn du auf ägyptische Telenovelas stehst, kannst du abends sogar Fernsehen.«

Ich ging zurück zu Karl. Er stand an einem vergitterten Fenster und sah hinaus zu einem Garten, in dem zwei

Männer an einem Tischtennistisch standen. Sie verbreiteten mit ihrem konzentrierten Spiel eine Atmosphäre der Normalität. Ich fragte mich, wer sie waren. Sie trugen weder Uniformen noch Uniformteile, sahen aber auch nicht wie Häftlinge aus. »Kennst du die?«, fragte Karl.

»Müsste ich sie kennen?« Ich sah genauer hin. Die beiden Ägypter mussten so um die vierzig Jahre alt sein und ähnelten einander ein wenig, als wären sie zumindest entfernte Verwandte. Jedenfalls gehörten sie der gleichen gesellschaftlichen Gruppe an. Sie wirkten intelligent und auf eine bestimmte Art abgeklärt.

»Das sind Mubaraks Söhne«, sagte Karl.

»Im Ernst?«

Er nickte und zeigte auf ein gegenüber liegendes Gebäude. »Dort sind sie untergebracht.«

Von wegen Normalität. Aber was wunderte mich eigentlich noch? Dass zwei Männer wegen falscher verwandtschaftlicher Beziehungen in Haft waren? Oder dass sie in einer Art Bungalow untergebracht waren, in dem sie wahrscheinlich jeglichen Komfort genossen und sich kommen lassen konnten, wonach ihnen gerade war? In diesem Land war derlei wohl genau das: Normalität.

Mir genügte es vorerst, duschen zu können. Ich hatte keine Seife, nur das Wasser, das auch hier eigenartig roch, aber wenigstens gab es welches.

Als ich vom Duschen zurückkam, hatte sich um den Fernseher ein Halbkreis gebildet. Es lief eine Nachrichtensendung und eine rege Diskussion hatte sich entsponnen. Ein Live-Bericht zeigte eine Demonstration. Danach folgten Bilder von gewaltsamen Protesten. Sie sahen nach Unruhen aus, die sich nicht so schnell wieder legen würden. Ich verstand nicht, was der Nachrichtensprecher sagte, doch für mich war klar, dass Mohammed Mursi wohl nicht mehr lange an der Macht sein würde.

Nach ein paar Tagen in der neuen Zelle, in denen uns Islam wie zuletzt Amar und die Beduinen mit Lebensmitteln aus ihren privaten Quellen ausgeholfen hatte, hörten wir wieder einmal von der Zellentür her einen Wärter unsere Namen rufen.

»Hans! Karl!«

Der Mann kam auf uns zu und deutete auf unsere Sachen. »Go!« sagte er.

Wieder einmal.

Soweit wir die beiden verstanden, wollten sie uns in ein anderes Gefängnis bringen. Auch dieses Mal wurde es ein überstürzter Aufbruch ohne Abschied.

Wenig später fand ich mich gemeinsam mit Karl erneut im Laderaum eines Lasters wieder. Als wir den mittelalterlichen Gefängniskomplex verließen, wurde ich nachdenklich. 1,5 Quadratmeter, da ist vielleicht noch mehr Luxus drin, hatte ich im ersten Moment gedacht. Doch jetzt war ich mir nicht mehr sicher, ob es in diesem Land tatsächlich bessere Haftbedingungen geben konnte. Ich wusste nur, dass unser neues Gefängnis *Al Qanater* hieß und rund siebzig Kilometer nordwestlich von Kairo lag.

Mich beschäftigte die Frage, ob ich meine eiserne Reserve in das neue Gefängnis retten können würde. Die bestand aus hundert Pfund, die ich eingerollt und in eine Zigarette gesteckt hatte. Die Plastikhülle der Schachtel hatte ich wieder verschweißt, damit sie wie originalverpackt aussah. Das Verschweißen war kein Problem gewesen. Ich hatte die Schachtel zuvor ganz vorsichtig geöffnet. Mit einem Feuerzeug und etwas Geduld war der Rest einfach.

Ich brauchte die hundert Pfund vielleicht anfangs zum Überleben, denn ich musste davon ausgehen, dass die Botschaft Wochen oder Monate brauchen würde, bis sie mich fand. Ich konnte den Mitarbeitern der Botschaft inzwischen nicht einmal mehr richtig böse für ihre Tollpatschigkeit sein. In Wirklichkeit konnten sie nichts dafür, denn sie hatten zwei große Probleme.

Das eine bestand darin, dass sie weisungsgebunden waren. Sie mussten tun, was eine Stelle des Außenministeriums in Wien für das Richtige hielt. Da entstand das zweite Problem. Sowohl diese Stelle als auch sie selbst schienen die Dinge aus österreichischer Sicht zu sehen, nicht aus ägyptischer Sicht.

Sie verstanden nicht, wie in Ägypten Politik und Wirtschaft gemacht wurden und stellten sich offenbar vor, dass es genauso lief wie in einem westlichen Staat. Wenn in Österreich etwas nach einem bestimmten Protokoll ablief, erwarteten sie, dass das hier auch der Fall war, und wenn es anders kam, verstanden sie die Welt nicht mehr.

Es war ein Systemfehler, von dem ich nur annehmen konnte, dass er die österreichischen Botschaften in allen Ländern genauso betraf, was meine Situation allerdings auch nicht verbesserte. Ich musste jedenfalls damit rechnen, dass ich von nun an eine Weile auf mich selbst gestellt war.

Trotz meiner Sorgen wegen meiner Reserve döste ich während der Fahrt ein. Als der Laster hielt, war es schon dunkel. »Come«, sagte der Wärter, der uns die Tür öffnete.

Draußen konnte ich nur noch die Umrisse der Gebäude erkennen, die uns umgaben. Vor einer offenen Tür brannte eine nackte Glühbirne. Der Wärter ging voraus, Karl und ich folgten ihm.

In dem Gebäude lehnten zwei Ägypter an der Wand. Da stand wieder so ein Schrank, in dem sich Lumpen stapelten. Doch ich ging davon aus, dass wir diesmal unsere Kleider behalten konnten.

Einer der Ägypter trat an uns heran, deutete auf meinen Rucksack und kippte seinen Inhalt auf einen Tisch. Die immer gleiche Prozedur. Kleidungsstücke, drei Dosen Datteln, meine Briefe und einige Schachteln Zigaretten fielen hinaus.

Mit gelangweiltem Gesichtsausdruck schob er die Zigaretten beiseite und sah mich an. Ich sah gleichgültig geradeaus. Er ließ die Zigaretten liegen und bedeutete mir, meine Sachen wieder einzupacken. So weit, so gut, dachte ich.

Entlang spärlich beleuchteter Gänge führte uns einer der Wärter durch das Gefängnis. Vor einer Gittertür blieb er stehen. Hier sah es aus, wie ich mir ein Gefängnis immer vorgestellt hatte. Hinter der Gittertür lag ein schmaler Gang mit Türen in regelmäßigen Abständen links und rechts. Hinter diesen Türen mussten die Zellen sein.

Vor der Zelle Nummer 5 blieben wir stehen. War das mein letzter Halt? Oder würde meine Reise durch Ägyptens Gefängnisse weitergehen? Ich musste kichern. Der Wärter sah mich irritiert an. Er schloss die Zelle auf und Karl und ich gingen hinein.

Der Raum maß etwa 16 Quadratmeter und war damit etwa so groß wie Lisas und mein Schlafzimmer in unserer Wohnung in Wiener Neustadt. Im Gegensatz zu diesem hatte er statt richtiger Fenster nur ein kleines in einer der Wände und eines in vier Metern Höhe am Dach.

In der Ecke rechts neben der Zellentür gab es eine Dusche und ein Loch im Boden, das als Toilette diente. Als Sichtschutz hing ein großer aufgeschnittener Müllsack davor.

Vier Betten mit jeweils drei Etagen gab es hier, und es schien nicht mehr Häftlinge als Betten zu geben. Zwei der Betten, zwei mittlere, waren frei. Das war schon mehr, als ich erwartet hatte, obwohl die Betten nichts als ein Stahlgerüst waren. Wir würden auf Stahlplatten schlafen. Immerhin hatten wir eine Decke behalten dürfen, auf die ich mich legen konnte.

Karl und ich machten uns mit unseren neuen Mithäftlingen bekannt. Wir stellten uns allen vor. Der erste war ein Belgier, der als Pauschal-Urlauber nach Ägypten gekommen war und sich beim Koksen erwischen lassen hatte. Der zweite war ein Brite mit ägyptischen Wurzeln, der aussah, als würde er nach wie vor regelmäßig Drogen konsumieren. Seine Augen waren glanzlos und seine Wangenknochen traten hervor. Er war wortkarg und wollte nicht sagen, weshalb er hier war. Der Dritte war ein Russe, der fließend Englisch sprach. »Mein Name ist Sergej«, sagte er, während er mir die Hand reichte. Er sah mich neugierig an. »Warum bist du hier, Hannes?«

»Sie wollten mich unbedingt einsperren«, sagte ich.

Sergej lachte. »Das kenne ich. Ich war hier auf Urlaub und habe mir nichts Böses dabei gedacht. Eines Abends ging ich ein bisschen feiern und hatte eine gute Zeit. Alles lief toll. Danach wollte ich mir am Strand noch den Sonnenaufgang ansehen und zündete mir einen Joint an. Dabei haben sie mich erwischt. Jetzt sitze ich hier.«

Er hatte ein freundliches Gesicht und eine krumme Nase. Er gab sich locker, doch in seinen Augen konnte ich auch Verzweiflung sehen. »Wie alt bist du, Sergej?«, fragte ich.

Er fuhr sich durch die Haare. »Inzwischen bin ich 31«, sagte er. »Damals war ich 24.«

»Was? Wie viele Jahre hast du gekriegt?«

Er lächelte. »15«, sagte er. »Eine lange Zeit, um über einen Morgen am Strand nachzudenken.«

Was für eine Scheiße, dachte ich. Sergej war als junger Mann in den Urlaub gefahren und würde dieses Land erst als fast Vierzigjähriger wieder verlassen. Ich wollte etwas Aufmunterndes sagen, doch es fiel mir nichts ein, das nicht banal geklungen hätte.

Unsere Mithäftlinge erklärten uns, wie das mit den Betten lief. Jeder Neue bekam zuerst ein mittleres Bett. Wurde eins der unteren Betten frei, bekam es jeweils der Häftling in der Zelle, der zu diesem Zeitpunkt schon am längsten da war. Die untersten waren die beliebtesten, auch weil es keine Leitern zu den oberen Etagen gab. Wir mussten uns wie Affen nach oben schwingen, als wir uns hinlegten.

Ich war müde, konnte aber nicht gleich einschlafen. Die hier herrschende Stille war mir unheimlich. Ich hatte so lange mit so vielen Menschen auf engstem Raum gelebt, dass ich sie nicht gewohnt war. Sogar in der Luxuszelle war es vergleichsweise laut gewesen. Nun konnte ich mein eigenes Blut in meinen Ohren rauschen hören.

25

Am nächsten Morgen weckte mich weder das Geschrei betender Muslime noch jenes drängender Wärter. Ich rieb mir die Augen und sah mich um. Wieder einmal bei null anfangen im ägyptischen Gefängnisalltag, dachte ich.

Nachdem ich geduscht hatte, hörte ich draußen Schritte. Ein Wärter öffnete die Tür und verschwand wortlos wieder. »Ausgang«, sagte Sergej. »Tagsüber dürfen wir in den Hof gehen.«

Zögernd stand ich auf. Das klang, als würde ich mich zum ersten Mal seit zwanzig Monaten ein wenig bewegen können. Es fühlte sich beinahe wie eine Herausforderung an.

Am Ende des Ganges mit den Zellentüren links und rechts führte eine Tür in einen kleinen Innenhof. Er war keine acht Meter breit aber immerhin gut siebzig Meter lang. Ansonsten ähnelte er dem Hof im *Ambra-Azsah*-Gefängnis. An allen vier Seiten Mauern und am Boden Beton. Wie ein großes, langes leeres Schwimmbecken in Grau.

Hier trafen sich die Häftlinge aus allen Zellen unseres Traktes. Sie hatten einen Teil des Hofes in eine Art Freiluftküche umfunktioniert. Im Halbkreis standen selbst gefertigte Kochstellen. Die Häftlinge kochten dort nicht nur für sich selbst, sondern auch für andere. Einer bot Hühnchen an, einer machte simple Pizzen. Eine der kaum handflächengroßen Pizzen kostete 15 Pfund.

Das Zahlungsmittel waren hier weniger Zigaretten, als vielmehr Coupons. Die Gefängnisdirektion stellte sie für Geld aus, das Verwandte oder andere Personen für die Häftlinge einzahlten. Sie nahm dabei von eingezahlten Beträgen zehn Prozent für das Einzahlen selbst und dann noch einmal drei Prozent für das Aushändigen der Coupons, um die sich die Häftlinge dann in der Cafeteria überteuerte Waren kaufen konnten. Geld verlor damit hinter den Mauern des *Al-Qanater*-Gefängnisses beträchtlich an Wert.

Immerhin gab es in der Cafeteria, im Vergleich zu der im *Ambra-Azsah*-Gefängnis, brauchbare Waren. Es gab dort Teepulver, Nudeln, Reis, Thunfischdosen, Sardinen und zum Beispiel Kaffee. »Manchmal gibt es sogar Coca Cola«, sagte Sergej.

Die Coupons waren zigarettenschachtelgroße Papierfetzen mit dem darauf gestempelten Gegenwert und dem von einem Adler geprägten Logo der ägyptischen Polizei. Es gab Gutscheine für 0,25, 0,50, 0,75, 3, 4, 5 und 10 Pfund. Sechs Pfund entsprachen damals dem Gegenwert von einem Euro. Das Papier war so dünn, dass ich das Gefühl hatte, es würde mir in den Händen zerfallen. »Ich schätze, das Papier ist eine Vorstufe von Papyrus«, sagte Sergej, der mir im Hof einen Coupon zeigte.

Mit den Möglichkeiten, an Essen zu gelangen, stand es hier insgesamt besser als in den Gefängnissen, in denen Karl und ich bisher gewesen waren. Das Essen, das vom Gefängnis kam, war zwar auch hier ein brauner Matsch ähnlich wie jenem in der U-Haft und wahrscheinlich ebenso geeignet für Selbstmorde. Doch an diesem Tag bekamen wir zum Beispiel Brot in Form von Fladen, und Sergej meinte, dass das öfter käme, und manchmal sogar frisches Gemüse, etwa Auberginen, Gurken oder Tomaten.

Zudem sorgten die vielen im *Al-Qanater*-Gefängnis untergebrachten Flüchtlinge für eine Bereicherung der Speisekarte. Diese Häftlinge waren aus allen Teilen Afrikas in Ägypten gelandet, und bei den meisten wusste niemand so genau, woher sie kamen, weil sie keine Angaben darüber machten. Dies, um zu verhindern, dass sie Ägypten in ihre Herkunftsländer zurückschieben konnte. Unter ihnen waren politische Flüchtlinge, vor allem aber Wirtschaftsflüchtlinge und Kriminelle, die sich der Strafverfolgung in ihrem Heimatland entzogen.

Nach einem System, das ich nicht verstand, und das in Wirklichkeit vielleicht auch gar nicht existierte, sperrte Ägypten einen Teil dieser Flüchtlinge ein, ein Teil blieb auf freiem Fuß. Die Flüchtlinge waren darauf aus, von der *UNHCR* eine sogenannte *Refugee Card* zu bekommen, damit offiziell registriert zu sein und weiterreisen zu können.

Zuerst hatte ich den Eindruck, dass im Gefängnis jene waren, die noch auf ihre Papiere warteten, und jene, die schon welche hatten, waren auf freiem Fuß, aber das stimmte so nicht. Auch im Gefängnis gab es welche, die bereits eine *Refugee Card* hatten.

Die jüngsten dieser Flüchtlinge bei uns im Gefängnis waren zwölf Jahre alt. Das hatte einen einfachen Grund. In Sichtweite unseres Traktes im *Al-Qanater*-Gefängnis gab es ein Frauengefängnis. Die Frauen, die minderjährige Kinder hatten, nahmen sie mit in die Haft. Sobald die Jungen älter als zwölf Jahre waren, mussten sie ins Männergefängnis. Das war offenbar die Grenze, ab der Jungen in Ägypten als geschlechtsreif galten.

Die Verpflegung dieser Häftlinge bezahlte nicht der ägyptische Staat, sondern die *UNHCR*, die Organisation der Vereinten Nationen für Menschenrechte. Die *UNHCR* stellte für jeden von ihnen 26 Dollar pro Tag zur Verfügung und überwies diese Summe an das jeweilige Gefängnis. Was dort zu einer regen Geschäftemacherei führte.

Die Gefängnisse gaben den Flüchtlingen zwar besseres Essen als ihren eigenen Gefangenen. Sie bekamen jeden Tag Eier, ein Stück Käse, natürlich vom billigsten, Brot und Tomaten. Doch das Ganze hatte niemals einen Gegenwert von 26 Dollar. Der Rest des Geldes verschwand in den Abgründen und Untiefen des Justizapparates.

Sergej vermutete, dass das wahre System der Flüchtlingsunterbringung so aussah: Die Polizei und das Militär stopften wahllos möglichst viele Flüchtlinge in die Gefängnisse, damit sich ein paar Beamte den Großteil der *UNHCR*-Gelder untereinander aufteilen konnten.

Auf meinen Ernährungsplan hatte dies insofern Auswirkungen, als die Flüchtlinge ihr Brot, ihre Eier, ihren Käse und ihre Tomaten nicht aßen. Sie durften anders als wir normale Häftlinge jeden Tag Besuch haben und lebten von dem, was ihnen ihre auf freiem Fuß befindlichen Verwandten und Freunde brachten. Was sie vom Gefängnis bekamen, also die mit einen Teil der *UNHCR*-Gelder finanzierten Lebensmittel, verkauften sie an die anderen Häftlinge, zu Preisen weit über dem Niveau eines herkömmlichen ägyptischen Supermarktes natürlich.

»Was denkst du?«, sagte Sergej, nachdem wir eine Runde im Hof gegangen waren. »Toll hier, nicht?«

Ich zuckte mit den Schultern.

»Wir nennen den Hof übrigens den Backofen«, sagte er. »Tagsüber steigt die Temperatur hier auf bis zu 60 Grad. Dann wird es ein bisschen ungemütlich.«

Wir blieben noch, weil die Sonne noch nicht am Zenit stand und die Temperatur gerade noch erträglich war. Ich fragte ihn, wie er damit fertig werde, wegen einer derartigen Kleinigkeit einen so großen Teil seines Lebens unter diesen Umständen verbringen zu müssen. »Ich weiß es nicht genau«, sagte er. »Meine Verurteilung liegt jetzt schon einige Jahre zurück, aber ich bin noch immer fassungslos.«

Sergej hatte damals, bei seiner Verurteilung, eine russische Freundin gehabt, aber diese Beziehung war längst in die Brüche gegangen. Er hatte noch regelmäßig Kontakt mit seiner Familie, aber er dachte nie darüber nach, wie es sein würde, wenn er eines Tages wieder heim käme. Was er dann tun und wie er leben würde. »Ich denke immer nur über eine Sache nach«, sagte er. »Darüber, wie ich hier den nächsten Tag überlebe. Im besten Fall darüber, wie ich hier die nächsten drei Tage überlebe.«

Ich wusste genau, was er meinte. Ich kannte das bereits aus meiner eigenen Haft. Auch mein Plan bestand seit fast zwei Jahren vor allem darin, zu überleben. Die Frage zu beantworten, was ich heute essen würde, was ich morgen essen würde, was ich mir organisieren konnte, was ich mir organisieren musste, und wie ich das schaffen würde.

Sergej, der sich mir voll schwarzem Humor präsentierte, gab zu, manchmal an Depressionen zu leiden. »Wenn ich einen Mord begangen hätte, wären die 15 Jahre etwas anderes«, sagte er. »Aber du hast recht. Wegen so einer Nichtigkeit, das macht mich manchmal fertig. Es erstickt mich. Es nimmt mir meine ganze Kraft.«

Ich verstand auch das. Obwohl in diesem Punkt meine Situation eine andere war als seine. Sergej hatte, mehr oder weniger unwissentlich aber doch, etwas getan, das in Ägypten verboten war, und die Strafe dafür erhalten, die dieses Land für diese Tat als angemessen betrachtete. Dumm gelaufen, das war keine Frage, aber seiner Verurteilung lagen immerhin ein Straftatbestand und dessen Folgen zugrunde.

Bei mir war das nicht der Fall. Meiner Verurteilung lag kein Straftatbestand zugrunde. Ich hatte mir nichts zuschulden kommen lassen. Ich hatte nicht einmal ein Formular falsch ausgefüllt. Ich hatte keinen einzigen Fehler gemacht. Meine Verurteilung war vollkommen sinnlos. Diese Sinnlosigkeit nährte eine ohnmächtige Wut in mir, die gefährlich war. Sie hatte die Kraft, mich aufzufressen. Sie konnte mich depressiv machen wie Sergej an seinen schlechten Tagen, sie konnte mich aber auch krank machen. Ich musste lernen, mit ihr umzugehen.

Ich hatte auch bereits einen Ansatz dafür gefunden. Es half mir, mich selbst als politischen Häftling einzustufen. Das gab meinem Schicksal einen erträglicheren Rahmen, als bloß Opfer der Willkür eines ebenso ambitionierten wie skrupellosen Staatsanwaltes zu sein.

Die österreichische Botschaft stritt meinen Status als politischer Häftling beharrlich ab. Aus gutem Grund vermutete ich, denn diese Einstufung hätte für sie Arbeit bedeutet. Sie hätte sich damit wohl nicht von einem zum anderen Mal auf den aktuellen Stand des Verfahrens gegen mich ausreden können. Hätte sie mich als politischen Häftling eingestuft, hätte sie auf politischer Ebene agieren müssen.

Doch für mich war klar, dass ich ein politischer Häftling war. Es war bei meiner Verurteilung in Ägypten en vogue gewesen, Ausländer des Terrorismus und der Spionage zu bezichtigen, weil sie dieser im Chaos befindliche Staat zu Feindbildern ernannt hatte, und weil so ein Prozess gegen »Foreign Fingers« so wunderbar von den eigenen Problemen ablenkte und die Islamisten bei ihrer Stimmungsmache unterstützte.

»Wie machst du das eigentlich?«, fragte ich Sergej.

»Was meinst du?«

»Kontakt mit deiner Familie halten.«

Er lachte. »Da wären wir beim nächsten wichtigen Punkt«, sagte er.

Ich brauchte ein Handy, so viel war klar, und wie der Zugang zum Essen war auch der zum Telefonieren hier etwas einfacher als in der Untersuchungshaft und im *Tora-Luman*-Gefängnis. Es gab Häftlinge, die aus dem Vermieten von Handys ein Geschäftsmodell gemacht hatten. Sie schmuggelten die Handys durch die Schleuse oder brachten sie mit Hilfe eines Wärters herein. Danach kam es für sie darauf an, ein möglichst gutes Versteck dafür zu finden, denn auch hier gab es Zellendurchsuchungen.

Eine Weile, erzählte mir Sergej, seien ausgehöhlte Regalbeine ein beliebtes Versteck gewesen. Damals habe es einen Häftling gegeben, der aus alten Holzabfällen so etwas wie Gestelle gebaut und den Häftlingen verkauft habe. Ein Handy-Dealer war auf die Idee gekommen, ein Bein so eines Gestells auszuhöhlen und sein Handy darin zu verstecken.

Es war mühevolle Kleinarbeit gewesen, denn Werkzeug oder Messer, wie Islam, der Fußballer, eins besessen hatte, gab es hier nicht. Als sich das Versteck bei einem Dealer bewährte, höhlten auch andere Dealer die Beine dieser Gestelle aus. Diese wechselseitige Inspiration hatte aber auch einen Nachteil. Fanden die Wärter eins dieser Verstecke, waren damit auch alle anderen verbrannt und die Dealer mussten sich etwas neues überlegen.

Derzeit versteckten viele von ihnen die Handys in Löchern im Beton, erzählte mir Sergej. Was allerdings einige Geduld erforderte. Mit nichts als einem Nagel mussten sie den Beton so lange bearbeiten, bis sie ein Stück davon abheben, das Handy darunter legen, es wieder abdecken und die Fuge mit Schmutz und Staub verschließen konnten.

Andere waren kreativer, sie bauten ihre Telefone und Geräte in Wasserkocher ein oder hängten sie, in Plastik eingeschweißt, an einer Schnur in den Abfluss der Klos. Doch perfekt waren die Verstecke nie. Von allen Handys, die im Umlauf waren, fanden die Wärter im Monat im Durchschnitt zwei.

Der Marktplatz für Handy-Transaktionen war natürlich der Hof. Dort würde ich eines bekommen, über Nacht mit in die Zelle nehmen und dafür 100 Pfund Miete bezahlen. Dabei konnte ich nur hoffen, dass es in dieser Nacht keine Zellendurchsuchung geben würde. Eine Sim-Karte musste ich selbst haben. Auch Sim-Karten waren im *Al-Qanater*-Gefängnis beschaffbar, genauso wie Guthaben zum Aufladen. Es gab eigene Dealer dafür, die ebenfalls im Hof zu finden waren.

Das war also Karls und mein neuer Alltag. Jeweils von morgens bis 16 Uhr war die Zelle offen. Wir hatten mehr Platz, die sanitären Anlagen waren passabel und verhungern würden wir auch nicht. Unser Aufwand, schlicht zu überleben, sank ein wenig. Womit wir uns wieder besser unserer Verteidigungsstrategie zuwenden und unsere weiteren Schritte planen konnten.

Für Karl sah es gut aus. Die deutsche Botschaft hatte aus der ägyptischen Justiz inzwischen den eindeutigen Hinweis bekommen, dass sie auf die Zwei-Drittel-Strafe setzen solle.

Ich hatte diese Perspektive nicht. Ich musste Einspruch erheben. Dafür waren Unterlagen erforderlich, die mir noch fehlten. Ich hatte sie angefordert, aber noch nicht bekommen. Für die kommenden Tage stand ein Besuch der Botschaft an. Vielleicht würde ich dann die Gelegenheit haben, in der Sache Druck zu machen.

Als ich an diesem Abend schlafen ging, fragte ich mich einmal mehr, ob Lisa dieses Mal durchhalten würde. Mir war klar, dass ich sie ständig mit meinen Angelegenheiten belastete. Jenseits des Gefängnis-Universums war sie mein Universum, was sicher keine einfache Situation für sie war. Wenn ich nicht jedes Mal um viel Geld ein Handy mieten und mit einer Wertkarte telefonieren müsste, könnte ich vieles selbst erledigen und Lisa stark entlasten, dachte ich.

Ich fragte mich, welche Möglichkeit zu kommunizieren ich mir schaffen könnte. Es musste eine geben, und wenn sie jemand finden konnte, dann war ich es. Denn ich war in Basteln wirklich gut.

Ich entdeckte dieses Talent früh bei mir. Schon als Sechsjähriger kümmerte ich mich um Reparaturen im Haus, die sonst er gemacht hätte. Wenn ich etwas nicht schaffte, interessierte es mich, wie es zu schaffen wäre. Dann sah ich den Männern zu, Verwandten und Freunden, die kamen und diese Reparaturen erledigten.

Als ich erwachsen wurde, hatte ich keine technische Ausbildung, aber ich war ein guter Allrounder. Dazu kamen aus beruflichen Gründen Spezialfertigkeiten, etwa in der Büchsenmacherei oder in der Drohnentechnik. Ich war auch mit Kommunikationstechnik und mit Elektronik insgesamt vertraut.

In Zeiten von *Facetime* und *WhatsApp* konnte es doch nicht sein, dass ich mein bisschen Geld für das Telefonieren mit altertümlichen Wertkartenhandys ausgab, dachte ich.

26

»Zuerst meinten Ihre Kollegen in der Botschaft, alles würde sich als Missverständnis herausstellen«, sagte ich. »Dann, dass es nie zu einer Anklage kommen werde. Als nächstes meinten sie, dass der Staatsanwalt mit dieser Anklage keine Chance habe. Bis vor kurzem meinten sie, in ein laufendes Verfahren könnten sie nicht eingreifen. Nun ist das Verfahren vorüber. Was sind Ihre nächsten Schritte?«

Bittner sah zu Boden. »Nun, um ehrlich zu sein«, sagte er. »Wir in der Botschaft haben tatsächlich nicht mit Ihrer Verurteilung gerechnet. Wir evaluieren derzeit, was wir tun können. Noch ist das Urteil nicht rechtskräftig. Deshalb sind uns im Moment die Hände gebunden.«

In mir drängte wieder diese verzweifelte Wut darüber hoch, dass mich die Botschaft meines Heimatlandes so schamlos im Stich ließ. Doch ich unterdrückte das Gefühl mit aller Kraft.

»Wie geht es Ihnen hier?«, sagte Bittner. »Wie sind die Zustände?«

Ich entspannte mich und seufzte. »Es ist immer noch ein ägyptisches Gefängnis, aber immerhin gibt es hier ausreichend Platz für jeden Häftling«, sagte ich. »Deshalb ist es auch etwas hygienischer. Wir haben hier sogar Ausgang.«

Bittner nickte zufrieden. »Haben Sie die Unterlagen für den Einspruch bekommen?«

»Deswegen wollte ich mit Ihnen sprechen«, sagte ich. »Ich brauche ein Telefon.«

Er legte sein Handy auf den Tisch.

»Das ist nett«, sagte ich. »Aber ich brauche ein eigenes Telefon.«

Er stutzte. »Ist das nicht verboten?«

Ich nickte und sah ihm dabei in die Augen. »Vermutlich«, sagte ich. »Ich muss trotzdem jederzeit mit meiner Familie und meinem Anwalt Kontakt aufnehmen können. Ich kann nicht ständig meine Frau belasten. Für sie ist die Situation auch schon so schwierig genug. Ich muss selbst handlungsfähig sein.«

Bittner verschränkte die Arme. »Tut mir leid«, sagte er. »Das können wir nicht machen. Würde die Gefängnisdirektion das herausfinden, hätten wir ein Problem, und Sie hätten auch eins.«

Diesmal verstand ich ihn sogar. Es wäre wohl auch wirklich zu einfach gewesen, wenn ich das Problem, über das ich gestern am Abend vergeblich nachgedacht hätte, auf diese Art gelöst hätte. Ich nahm Bittners Handy und wählte Lisas Nummer. »Ich sitze hier mit Wolfgang Bittner von der Botschaft im Besucherraum«, sagte ich, um zu begründen, warum ich den privaten Teil des Gespräches weg ließ. Konntest du einen Anwalt finden?«

»Ich denke schon«, sagte sie. »Ein deutscher Anwalt hat mich an seinen Schwager vermittelt, der in Kairo ebenfalls als Anwalt arbeitet. Der bietet an, dich für 4.500 Euro zu vertreten.«

»Das ist vergleichsweise günstig«, sagte ich.

»Er meinte, er wolle mit dir nicht reich werden, sondern dir aus diesem Schlamassel heraushelfen.«

»Sagen das nicht alle Anwälte?«

»Er hört sich gut an.«

»Dann nehmen wir ihn. Haben wir noch so viel Geld?«

Lisa schwieg.

»Lisa? Wir haben doch noch so viel Geld?«

Ich hörte sie ins Telefon atmen. »Ich denke schon«, sagte sie schließlich. »Wir werden sehen.«

Die Aufträge, die ich mit meiner Sicherheitsfirma übernommen hatte, waren lukrativ gewesen und ich hatte gut verdient. Doch die Firma war auch im Aufbau gewesen und ich hatte viel investiert. Zu dem Zeitpunkt, als ich von Wien nach Ägypten abgereist war, hatte ich gerade für drei neue Aufträge Ausrüstungen gekauft. Das Geld wäre planmäßig kurz nach meiner Rückkehr wieder hereingekommen, doch ich war eben nicht mehr zurückgekehrt.

Unsere Mittel waren seit meiner Verhaftung knapp. Ich hatte die rund 3.000 Euro in bar gehabt, die mir die Gefängniswärter bei meiner Ankunft im *Amra-Aszah*-Gefängnis abgenommen hatten, doch davon war nicht mehr viel übrig gewesen, als Lisa das Geld abgeholt hatte. Gerade einmal 1.800 Euro waren es noch, den Rest hatten die Wärter gestohlen.

Diese 1.800 Euro gingen für die Telefonrechnung drauf, die Lisa kurz nach meiner Verhaftung ins Haus geflattert war. Die Wärter, die mir das Handy abgenommen hatten, hatten damit offenbar noch ausführlich telefoniert, ehe Lisa die Nummer sperren ließ. Das Handy selbst war weg, genauso wie Karls und meine komplette Ausrüstung, die Lisa zu Geld machen hätte können.

»Ich muss los«, sagte Lisa. Sie legte auf.

Ich hielt das Handy noch einige Sekunden ans Ohr. Stille. Bittner sah mich besorgt an. »Sie sehen nicht gut aus«, sagte er. »Ist alles in Ordnung?«

Der Raum begann sich um mich zu drehen. Mir wurde schlecht. Beinahe wäre mir Bittners Handy entglitten und ich hatte das Gefühl, dass ich gleich vornüber auf den Tisch fallen würde.

Nach diesem Anflug von Schwäche vergingen einige Tage, in denen ich vor allem auf meiner Eisenplatte lag und an die Wand starrte. So kam der 17. Mai, für mich ein schwieriger Tag, für den ich neuerlich ein Handy mietete. Es war der Geburtstag meiner Tochter Melissa. Sie war drei gewesen, als ich sie zuletzt gesehen hatte, jetzt wurde sie fünf.

Ich suchte den ganzen Tag nach den richtigen Worten. Schließlich wählte ich die Nummer meiner Ex-Lebensgefährtin in Tirol, ohne zu wissen, was ich sagen würde. Es läutete und läutete. Niemand hob ab. Ich versuchte es noch einmal. Wieder nichts. Ich war traurig, aber auf eine unbestimmte Art auch erleichtert.

Ich nutzte die Gelegenheit, um Lisa anzurufen. Ich wollte ihr sagen, dass ich jetzt bessere Zugänge zu Handys hatte und ihr deshalb einen Teil der Arbeit abnehmen könne. »Ich habe mir ein Telefon besorgt und kann es mir nach Bedarf wieder besorgen«, sagte ich. »Das wird alles einfacher machen, vor allem für dich.«

Lisa schien diesen Satz gar nicht richtig zu hören. »Gut, dass du anrufst«, sagte sie, als ich geendet hatte. »Ich habe dir einen Brief geschrieben, aber ich sage dir lieber alles selbst.« Sie holte Luft. Die nächsten Sätze sprudelte sie hastig hervor, als hätte sie sie lange im Kopf hin und her gewendet und um den Mut gerungen, sie auszusprechen. »Ich kann nicht länger die Ansprechperson in deinen Angelegenheiten sein«, sagte sie. »Es reicht. Ich lege die Rolle zurück. Ich kann nicht mehr. Es ist mir zu viel.«

Einige Sekunden vergingen. Ich antwortete mit ruhiger Stimme. »Darüber rede ich gerade, Lisa«, sagte ich. »Darüber, dass ich jetzt mehr Dinge selbst erledigen kann. Telefonisch. Womit du entlastet bist. Also beruhige dich bitte.«

»Nein«, sagte sie. »Ich reiche die Scheidung ein. Diesmal ziehe ich es durch.«

Ihre Worte waren wie Nadeln, die sich durch mein Ohr in mein Gehirn bohrten. »Gibt es einen anderen?«, fragte ich.

Sie lachte bitter. »Darum geht es nicht«, sagte sie. »Es geht darum, dass du Leonie und mich schlecht behandelst und mit der Situation völlig allein lässt, verdammt. Ich habe kein Leben mehr. Ich bin eine Erfüllungsgehilfin deines Lebens geworden.«

Ich dachte nach. Sie hatte wohl recht. Bloß, was hätte ich besser machen können? »Ich bin im Gefängnis, Lisa«, sagte ich. Mir wurde klar, dass sie genau das nicht hören wollte. »Sag mir, was du willst.«

»Ich werde die Botschaft und den Anwalt informieren, dass ich nicht mehr ihre Ansprechperson bin«, sagte sie. »Ruf mich nicht mehr an und schreib mir nicht mehr. Kontaktiere mich nicht mehr.«

Sie legte auf. Ich holte weit aus und hätte das Telefon beinahe an die Wand geschleudert. Die anderen Häftlinge und Karl sahen mich erschrocken an, als ich aus voller Kehle »Fuck!« schrie.

Die Tage vergingen. Es wurde Juni. Die politische Situation in Ägypten wurde schwieriger. Offenbar stand sie an der Kippe. Demonstrationen häuften sich. Wir merkten es daran, dass immer mehr Häftlinge in unseren Trakt kamen.

Mir wurde in dieser Zeit klar, wie sehr Lisa recht hatte. Ich hatte ihr keinen Raum für ein eigenes Leben gelassen und mich nicht für ihr und Leonies Leben interessiert. Ich war immer der gewesen, dem es schlecht ging, und sie war die gewesen, der es gut zu gehen hatte.

Das hätte mir früher klarwerden können. Ich hätte mich anders verhalten können. Aber war das wirklich alles? Obwohl sie mich aufgefordert hatte, sie nicht mehr zu kontaktieren, rief ich sie immer wieder an. Immer vergeblich. Ich erreichte sie nicht.

Den Anwalt erreichte ich auch nicht. Ich wusste inzwischen, dass sowohl er als auch ich meinen Einspruch gegen das Urteil unterschreiben mussten. Was schwierig sein würde, wenn ich nie weiter als bis in sein Sekretariat kam und auch meine Mutter, die mich unterstützte, ihn nicht erreichte.

Meine Mutter meinte, dass er wohl ein mulmiges Gefühl bekommen hatte, als Lisa mich einfach im Stich ließ, und mich deshalb nicht mehr vertreten wollte. Eine Reaktion, die ich sogar verstand. Wenn sich die Frau eines Häftlings von ihm abwandte, erschien die Frage nach seiner Schuld oder Unschuld in einem neuen Licht, und wer machte schon gerne Geschäfte mit Waffenschmugglern oder gar Spionen und Terroristen?

Noch naheliegender fand ich aber den Gedanken, dass die Staatssicherheit ihm zusetzte. Vermutlich wollte sie verhindern, dass ich meinen Einspruch einbrachte und womöglich ein Gericht, auf das sie keinen Einfluss hatte, das Urteil prüfte.

Wie auch immer, ich war auf mich allein gestellt, und es war in meiner Lage wohl schon ein Fortschritt, dass ich das einsah. Jetzt musste ich bloß noch einen Plan entwickeln. Zu diesem Zweck saß ich eines Tages auf meinem Bett und machte mir Notizen in dem Block, in dem ich alle Verfahrensdetails aufzeichnete. Währenddessen trat ein Wärter in die offene Zellentür und zeigte auf mich. »Come«, sagte er.

Ich klappte meinen Block zu und sprang auf den Boden. Durch die Gänge folgte ich ihm zu einer mit wichtig aussehenden Emblemen beschlagenen Holztür. Er klopfte an und wir betraten ein großes Büro.

Ein Mann erhob sich hinter einem wuchtigen dunklen Schreibtisch und reichte mir die Hand. Er hatte wache Augen und ein freundliches Gesicht. »Mein Name ist Dia, ich bin der Direktor dieses Gefängnisses«, sagte er. Sein Englisch war einwandfrei. »Sie sind der Österreicher?«

Dia musste etwa fünfzig Jahre alt sein. Er war etwas dicklich aber für einen Ägypter groß gewachsen. Er musste annähernd so groß sein wie ich.

»Ich möchte Sie in meinem Gefängnis willkommen heißen«, sagte er. »Sie sind Sicherheitsbeamter, nicht wahr?«

Ich hob die Hände. »Ich bin kein Beamter«, sagte ich. »Ich war früher beim österreichischen Militär und bei der österreichischen Polizei, jetzt leite ich ein privates Sicherheitsunternehmen. Wir haben uns auf die Piratenabwehr spezialisiert. Deswegen bin ich nach Ägypten gekommen.«

Er deutete auf einen Stapel von Unterlagen auf seinem Schreibtisch. »In meinen Akten stehen andere Dinge«, sagte er.

Einen Moment lang meinte ich, dabei ein Schmunzeln in seinen Zügen zu erkennen. Ich schwieg.

»Wie dem auch sei«, fuhr er fort, »ich weiß, dass nicht immer alles ist, wie es scheint.«

Er klopfte mir auf die Schulter.

Ich sah ihn verdutzt an.

»Wissen Sie, Hannes ...« Er räusperte sich. »Entschuldigen Sie, darf ich Sie Hannes nennen?«

Ich nickte.

»Wissen Sie, Hannes, ich war selbst in Europa. Ich habe in der Schweiz eine Ausbildung für Gefängnisadministration genossen.« Er machte eine einladende Geste. »Nehmen Sie doch Platz.«

Wir setzten uns an seinen runden Besprechungstisch aus schwarzem Plexiglas.

»Ich habe in der Schweiz die Art der Europäer schätzen gelernt, vor allem was die Organisation und die Gründlichkeit angeht«, sagte er. »Das fehlt uns Ägyptern.«

»Das ist mir nicht entgangen.«

Hier saß ich nun also und plauderte mit dem Gefängnisdirektor über kulturelle Unterschiede in Sachen Organisation und Gründlichkeit, und über Möglichkeiten, Abläufe in ägyptischen Gefängnissen zu verbessern. Meine Zweifel, die Dias freundliches Auftreten anfangs bei mir ausgelöst hatten, verflogen. Schließlich war es nicht undenkbar, dass sich der Mann gerne mit Häftlingen unterhielt, die er interessant fand.

Etwa eine halbe Stunde lang dauerte unser Gespräch. Dia beklagte, dass es in den meisten Gefängnissen Ägyptens noch nicht einmal eine konkrete Schichteinteilung für die Wärter gäbe. Die Wärter wären nicht nur unterbezahlt, sondern auch kaum oder gar nicht ausgebildet. Kein Wunder, dass ich immer wieder Übergriffe auf Insassen gesehen hätte. »Sie sind also auf die Piratenabwehr spezialisiert?«, sagte er.

Ich nickte. »Kurz nach Ihrer Inhaftierung gab es einen ähnlichen Vorfall mit Briten. Wissen Sie das?«

»Ich weiß nur, dass Briten ebenfalls zu Unrecht des Waffenschmuggels bezichtigt wurden. Ich weiß auch, dass maritime Sicherheit vor allem ein britisches Geschäft ist. Ich wusste aber nicht, dass diese Briten aus dieser Branche waren.«

»Doch, waren Sie«, sagte Dia. »Die Polizei hat sie am Hafen festgenommen. Sie hatten vier Gewehre dabei. Die britische Botschaft hat interveniert und innerhalb von vier Wochen waren sie außer Landes.«

»Ich dachte, es wären drei Monate gewesen.«

»Es waren vier Wochen. Lange genug, um unschuldig in einem fremden Land festgehalten zu werden.«

Ich schwieg.

Dia sah mich mitleidig an. »Nun gut«, sagte er. »Für heute haben wir genug gesprochen. Stört es Sie, wenn wir uns bald wieder unterhalten?«

Ich war in Gedanken versunken. »Ja«, sagte ich. »Ich meine, nein. Gerne.«

Die Zeit verging. Nach anhaltenden Massenprotesten löste das Militär bei einem Putsch Mursi ab und Ägypten schlitterte endgültig in die Krise. Beharrlich fragte ich bei der Botschaft und nun auch bei Dia wegen der Papiere für meinen Einspruch nach. Beide sagten mir, dass sie keinen Einfluss darauf hätten, dass die Papiere laut ihren Informationen aber unterwegs seien. »Ich verstehe nicht, warum das so lange dauert«, sagte ich zu Bittner, als er mich besuchen kam.

Er zuckte mit den Schultern. »Gedulden Sie sich«, sagte er. »Wir sind in Ägypten, und Ägypten ist in einer schwierigen Phase.«

Ich schüttelte den Kopf. »Da stimmt etwas nicht.«

Ich versuchte weiterhin, Lisa zu erreichen, doch sie hob nicht ab. Sie schrieb mir auch keine Briefe. Um die Überweisungen an die Botschaft kümmerte sich jetzt meine Mutter. Im Grunde hatte sie sich schon immer darum gekümmert, denn das Geld, das bisher Lisa überwiesen hatte, kam schon eine Weile von ihr.

Ich hatte keine Ahnung, wie die alte Dame das machte. Sie war 72 und bezog eine Mindestrente. Dass sie große Rücklagen hatte, war unwahrscheinlich. Mein Vater hatte nach seiner Erblindung vom staatlichen Pflegegeld gelebt, und da war bestimmt nichts übrig geblieben. Doch wenn ich sie fragte, woher sie das Geld nahm, meinte sie immer nur, ich solle mir darüber keine Gedanken machen.

Doch das Geld war im Moment nicht meine größte Sorge. Dia hatte mich darin bestätigt, dass jeder intelligente Mensch auf den ersten Blick sehen konnte, dass das Urteil gegen mich falsch war. Das nährte meine Hoffnung, mit einem Einspruch Erfolg zu haben. Doch dazu fehlten mir weiterhin die Papiere.

Den ersten Formalakt hatten wir erfüllt. Er bestand darin, dass mein Anwalt von außen Einspruch erhob. Der zweite Formalakt bestand darin, dass mir das Gericht die Papiere zur Unterschrift schickte und mein Anwalt sie einreichte.

Dafür würde nun ein neuer Anwalt zuständig sein. Ich hatte ihn selbst vom Gefängnis aus organisiert, nachdem ich von Mithäftlingen nur Gutes über ihn gehört hatte. Es hieß, dass er fair war, dass er das ägyptische Justizsystem nicht mochte und dass er wusste, was er tat. Ich hatte ihn über einen seiner Klienten kontaktiert und ihn gebeten, sich meinen Fall anzusehen. Seine Expertise war eindeutig gewesen. »Um Gottes Willen«, hatte er gesagt. »Ich helfe Ihnen.«

Doch dagegen, dass offensichtlich die Staatssicherheit die Zusendung der Papier an mich blockierte, war auch er machtlos. Zudem bekam er keine Genehmigungen für Besuche im Gefängnis mehr. Nichts funktionierte. Bis die sechzig Tage um waren.

Als sie um waren, und ich damit meine letzte Chance auf einen fairen Prozess in Ägypten verpasst hatte, beschwerte sich zum ersten Mal auch die Botschaft. Sie verfasste, wie Bittner mir berichtete, eine Protestnote, weil Ägypten mit der Weigerung, einen Anwalt zu mir durchzulassen, gegen internationales Recht verstoßen habe. Was den Ägyptern ziemlich egal war.

Bittner meinte, dass die neue Entwicklung auch eine gute Seite für mich habe. »Jetzt ist das Urteil rechtskräftig und wir können Ihre Überstellung in den heimischen Strafvollzug beantragen«, sagte er.

Ich schüttelte den Kopf. Diese Idee hatte ich schon lange gehabt und ich wusste, dass es nicht funktionieren würde. Eine Überstellung in ein österreichisches Gefängnis, die sich für mich vermutlich wie ein *All-Inclusive*-Luxusurlaub angefühlt hätte, hätte ein so genanntes Anpassungsurteil eines österreichischen Gerichtes vorausgesetzt. Da ich aber kein Delikt begangen hatte, nicht nach österreichischem Recht und im Prinzip auch nicht nach ägyptischem, war so ein Urteil nicht möglich. Jedes österreichische Gericht hätte mich freisprechen müssen.

Nun, da die Sache mit dem Einspruch gelaufen war, konnte ich auch meinen Anwalt wiedersehen. Die Staatssicherheit, und ich war inzwischen sicher, dass sie hinter der Blockade gesteckt hatte, hatte kein Interesse mehr daran, ihn von mir fernzuhalten.

Wir trafen uns im Besucherraum. Er hatte kurze graue Haare und trug eine dicke Hornbrille. In der Hand hielt er eine alte Aktentasche. Sein Name war Atem Mazoon und er wirkte ein wenig wie ein verwirrter Professor. »Es geht weiter«, sagte er.

»Wie denn?«, fragte ich. Ich wusste, dass ein neuerlicher Einspruch nicht möglich war. Die Rechtsmittel waren ausgeschöpft. Das Urteil war rechtskräftig.

»Haben Sie schon einmal darüber nachgedacht, den Staat Ägypten zu verklagen?«, sagte er. Er schob seine Brille zurecht. »Bei einem Fall wie Ihrem, bei dem die Manipulationen dermaßen offensichtlich sind, hat das Sinn.«

Darüber hatte ich noch nicht nachgedacht. Ich hatte nicht einmal gewusst, dass es diese Möglichkeit gab. »Wenn Sie es für sinnvoll halten, wird es an mir nicht scheitern«, sagte ich.

Während die österreichische Botschaft in den kommenden Wochen feststellte, dass tatsächlich kein österreichsicher Richter in der Lage war, ein Anpassungsurteil zu fällen, hatte ich dank Mazoon eine neue Perspektive.

27

Ich lehnte im Hof im Schatten an der Wand. Karl verhandelte am anderen Ende bei den Kochstellen den Preis für eine Pizza. Die Preise waren immer annähernd gleich, doch verhandeln lohnte sich trotzdem. Ein oder zwei Pfund waren immer drin. Doch es ging dabei nicht so sehr um den Preis. Das Feilschen war eher eine Art Beschäftigungstherapie.

Seit mich Lisa neuerlich verlassen hatte, hatte ich die Gedanken an sie allmählich verdrängt. Ich hatte auch nicht mehr versucht, sie telefonisch zu erreichen. Ich konzentrierte mich auf meine Arbeit mit Mazoon bei der Klage gegen den Staat Ägypten. Eine Klage gegen einen Staat, das war mir im ersten Moment wie der letzte und im Grunde sinnlose Versuch eines Verzweifelten erschienen, doch angesichts von Mazoons Kenntnissen der Materie und der ägyptischen Bürokratie hatte ich eine realistische Chance darin erkannt.

Doch jetzt war Dezember. Meine zweiten Weihnachten in Gefangenschaft standen bevor. Ich neigte weder zur Romantik noch zur Melancholie, doch ich musste oft an meine Tochter Melissa und an Leonie denken. Ich konnte nur hoffen, dass es ihnen gut ging.

Immerhin hatte sich neben der Klage eine weitere Chance ergeben, wie ich die beiden noch als die kleinen Mädchen, die sie jetzt waren, wiedersehen könnte. Ein Gefangenenaustausch.

Bittmer hatte diese Möglichkeit an mich herangetragen. Mazoon hatte genickt, als ich mit ihm darüber gesprochen hatte. »Die Ägypter machen gerne Geschäfte«, hatte er gesagt. »Ein Austausch macht Sinn.«

Ich machte mir trotzdem keine großen Hoffnungen. Wenn die ägyptische Staatssicherheit meine Papiere solange blockieren konnte, bis die nötigen Fristen für meinen Einspruch gegen das Gerichtsurteil abgelaufen waren, würde sie wohl kaum einem Gefangenenaustausch zustimmen. Doch in solchen Momenten, in denen sich meine Gedanken an mein zerbrochenes Zuhause, an Lisa, an Leonie und an Melissa, wie Ketten um mein Herz legten, brauchte ich jeden Hoffnungsschimmer, um nicht depressiv wie Sergej in seinen dunklen Stunden zu werden.

Ich sah zu Karl. Er war noch immer am Feilschen. Es war schön, ihn wieder etwas aktiver zu sehen. Trotz des Engagements, das die deutsche Botschaft für ihn zeigte, war er im Sommer immer apathischer geworden. Das war wohl eine der Veränderungen, die alle Häftlinge hier vollzogen. Sie stumpften ab. Das war sogar gut so. Wer nicht abstumpfte, den rieb der Gefängnisalltag auf. Ich fragte mich, wie abgestumpft ich inzwischen war, ohne es zu merken. Wie würden mich Leonie und Melissa wahrnehmen, wenn ich ihnen jetzt begegnen würde? Und wie abgestumpft würde ich sein, wenn ich tatsächlich noch fünf Jahre hier bleiben musste, für mich in diesem Moment unvorstellbare fünf Jahre lang?

Karls Lethargie war auch davon gekommen, dass er einen Rückschlag mehr als ich hinnehmen musste. Die Botschaft hatte tatsächlich keinen Einspruch gegen sein Urteil eingelegt. Karls Pech war, dass das Militär Mohamed Morsi stürzte, kurz bevor er zwei Drittel seiner Haft abgesessen hatte. Das neue Militärregime erklärte so gut wie jede Amtshandlung der Regierung Morsi für ungültig.

Karl hatte das nicht gewusst. Er hatte sich den Tag, an dem er gehen konnte, genau ausgerechnet und ihm entgegen gefiebert. Als dieser Tag kam, bewegte er sich nicht von seinem Bett weg, um da zu sein, wenn ihn die Wärter holten. Am Abend saß er noch immer bei seinem Bett und auch, als es Nacht wurde. Danach verstummte er, doch jetzt allmählich erholte er sich wieder. Das Ende seiner Gefangenschaft in Ägypten nahte auch so. Dezember hieß, dass er schon sechs Monate über die Zwei-Drittel-Strafe hinaus war. Es waren nur noch gute sechs Monate.

Ich hörte den schrillen Ton einer Trillerpfeife. Wir mussten hinein. Für heute war unser Ausgang zu Ende. Ein Wärter sah uns zu, wie wir im Gänsemarsch in unsere Zellen gingen. An der Zellentür hielt er mich an der Schulter zurück und gestikulierte. Anscheinend wollte mich Dia, der Gefängnisdirektor sprechen. Ich nickte und folgte dem Wärter.

»Guten Tag, Hannes.« Dia stand von seinem Schreibtisch auf und bot mir Platz an. Als wir uns gesetzt hatten, seufzte er und lehnte sich in seinem Stuhl zurück. »Wie läuft es?«, fragte er.

Ich massierte mir die Schulter und starrte an die Decke. »Schlecht«, sagte ich.

Er nickte nachdenklich.

»Mein Urteil ist rechtskräftig«, sagte ich. »Ich kann nicht mehr in Berufung gehen. Die Botschaft hat mir einen Gefangenenaustausch in Aussicht gestellt, immerhin.«

Er machte eine wegwerfende Bewegung und verschränkte dann die Arme vor der Brust.

»Sie halten nichts davon?«, fragte ich.

»Die Idee ist naheliegend und gut«, sagte er. »Ich habe Sie zu mir gebeten, um Ihnen das zu sagen.«

Ich sah ihn fragend an.

»Wissen Sie, nach unserem ersten Gespräch habe ich mir Ihren Fall noch einmal genauer angesehen und mich über

Sie erkundigt«, sagte er. »Alle sprechen gut über Sie. Es fällt auf, dass Sie Ihrer Linie treu bleiben, egal, was passiert. Wenn ich einen Sohn hätte, dann sollte er so sein wie Sie.«

»Danke«, sagte ich. »Das ist ein großes Kompliment.«

»Ich habe mich bei Durchsicht Ihrer Unterlagen gefragt, wie es so weit kommen konnte«, sagte er. »Wir sind hier in Ägypten, da ist alles etwas diffuser als in der Schweiz oder bei Ihnen in Österreich. Aber Unfug in dem Ausmaß wie in Ihrem Fall ist selbst für ägyptische Verhältnisse ungewöhnlich.«

»Zu welchem Schluss sind Sie gekommen?«

»Ich denke, dass sich von Anfang an am Flughafen alle handelnden Personen immer mehr in etwas hineinmanövriert haben, aus dem sie nicht mehr herausgekommen sind. Wir Ägypter sind ein stolzes Volk, das müssen Sie immer bedenken. Die Staatssicherheit genießt hohes Ansehen und ist besonders stolz. Es ist undenkbar, dass sie zugibt, sich geirrt zu haben. Verstehen Sie?«

Konnte es sein, dass Dia recht hatte? Ich saß unschuldig im Gefängnis, mein Leben zerbröckelte vor meinen Augen, und das alles wegen dem Stolz der Ägypter und weil ich nicht zur gegebenen Zeit damit kalkuliert hatte?

»Jeder halbwegs intelligente Mensch, der sich Ihre Unterlagen ansieht, wird zu dem Schluss kommen, dass hier etwas nicht stimmt«, sagte Dia. »Das wusste die Staatssicherheit. Deshalb hat sie Ihren Einspruch blockiert. Aber nicht, weil sie denkt, dass Sie ein Verbrecher sind und ins Gefängnis gehören. Auch nicht, um an Ihnen ein Exempel zu statuieren. Jetzt, wo der Fall durch ist, ist er ihnen egal. Die Staatssicherheit will einfach nicht zugeben, etwas falsch gemacht zu haben. Sie will ihr Gesicht nicht verlieren.«

Was er sagte, machte Sinn. Ich dachte an die Polizisten am Flughafen. An die Phasen des Wartens und planlosen Herumfahrens. Ich dachte an die endlosen Verhöre im Hauptquartier der Staatssicherheit. Niemand schien einem klaren Plan gefolgt zu sein. Vielleicht waren alle immer nur deshalb vorwärts gegangen, weil sie aus Stolz nicht zurück konnten und ihnen niemand eine Brücke gebaut hatte. »Sie meinen, dass ein Gefangenenaustausch für die Staatssicherheit eine Gelegenheit wäre, aus der Sache herauszukommen, ohne ihr Gesicht zu verlieren?«

Die Tür ging nach einem kurzen Klopfen auf und der Wärter von vorhin trat ein. Er wandte sich an Dia und sagte einige Sätze auf Arabisch.

»Sie haben Besuch, Hannes«, sagte er. »Gehen Sie nur, wir reden ein anderes Mal weiter. Mit dem Gefangenenaustausch haben Sie ganz recht. Genauso sehe ich das. Ich denke, das ist Ihre beste Chance, hier rasch herauszukommen. Sie werden sehen, dass die Staatssicherheit darauf einsteigen wird.«

Er gab mir die Hand und bedeutete dem Wärter, mich mitzunehmen.

Im Besuchsraum wartete Bittner auf mich. Ich hielt mich nicht mit einer Begrüßung auf. »Gefangenenaustausch«, sagte ich. »Kriegen wir das hin?«

Ich hatte das Gefühl, in Dias Büro eine grundlegende Sache verstanden zu haben. Es war mir immer wie Hexerei erschienen, dass sich alle Dinge in meinem Fall immer in die falsche Richtung entwickelt hatten und die ägyptische Justiz immer die für mich denkbar schlechteste Entscheidung getroffen hatte. Jetzt sah ich das anders. Es ging nicht um Hexerei. Es ging um ägyptischen Stolz. Ein Problem, das, einmal erkannt, lösbar war. »Bitte sagen Sie mir, dass Sie bereits einen Plan für den Austausch haben«, sagte ich.

Bittner mied meinen Blick. »Ich kann Ihnen nur berichten, was in dieser Angelegenheit Stand der Dinge ist«, sagte er. »Die Ägypter sind bereit zu einem Austausch. Sie haben bereits Namen genannt. Zwei in Österreich einsitzende ägyptische Häftlinge gegen Sie, um es kurz zu machen.«

»Das ist doch gut«, sagte ich. Unwillkürlich stand ich auf.

»Bitte nehmen Sie wieder Platz«, sagte Bittner.

Wenn die Ägypter einverstanden waren, was sollte dann noch schief gehen? »Was ist das Problem?«, fragte ich.

»Das Problem sind die Umstände einer Haft in Ägypten«, sagte Bittner. »Ihnen muss ich das ja nun wirklich nicht erklären. Überfüllte Zellen, keine vernünftigen sanitären Einrichtungen, furchtbare hygienische Zustände, keine medizinische Betreuung, überfüllte Zellen, Übergriffe durch die Wärter, na ja, all das eben.«

Ich sah ihn verständnislos an. »Klar«, sagte ich. »Genau das ist ja der Grund für einen Gefangenenaustausch.«

»Ich will vorausschicken, dass ich Ihnen nicht unsere Entscheidung als österreichische Botschaft in Kairo mitteile, sondern die des Außenministeriums in Wien. Wie sie wissen, sind wir als Botschaft weisungsgebunden.«

»Wie lautet die Entscheidung des Außenministeriums?«

»Dass wegen der unerträglichen Haftumstände in Ägypten ein Gefangenenaustausch nicht möglich ist.«

»Ich verstehe nicht«, sagte ich.

»Das Außenministerium steht auf dem Standpunkt, dass sie dieser Haftumstände wegen die beiden in Österreich einsitzenden ägyptischen Häftlinge nicht nach Kairo schicken kann. Bitte glauben Sie mir, dass solche

Entscheidungen nicht willkürlich getroffen werden, sondern auf Basis geltender Gesetze und Übereinkünfte.«

Ich vergrub mein Gesicht in meinen Händen.

»Herr Führinger, ich bin in dieser Sache nur der Bote«, sagte er. »Es tut mir ehrlich leid.«

Ich dachte daran, meine Freunde und meine ehemaligen Kollegen zusammenzutrommeln. Ich dachte an die Spione in der Zelle des *Ambra-Azsah*-Gefängnisses. Sie sollten neben den Besitzverhältnissen der Häftlinge auch deren allfällige Ausbruchspläne auskundschaften. Was wohl bedeutete, dass Ausbruch ein realistisches Szenario war. Gleichzeitig wurde mir klar, was das bedeutet hätte. Dann hätte ich endgültig als Verbrecher gegolten.

Ich spürte eine Hand auf meiner Schulter. Als ich Augen öffnete, stand Bittner neben mir. Ich stand auf und verließ den Raum.

Das österreichische Außenministerium wollte zwei Ägypter nicht nach Ägypten schicken, weil die Haftbedingungen, denen ich ausgesetzt war, unzumutbar waren? Konnte das wirklich wahr sein? Welche Rolle spielte es dabei, dass Österreich das Land war, in dem ich geboren war, in dem ich gearbeitet hatte, in dem ich meine Steuern bezahlt hatte und in dem ich meine Wählerstimme abgab, um über die Regierung mitzubestimmen, die Österreich im Sinne ihrer Bürger zu verwalten hatte?

Eigentlich reichte es nicht, den ägyptischen Staat zu verklagen, dachte ich bitter. Eigentlich hätte ich auch den österreichischen verklagen müssen.

Der einzige Mensch, dem ich danach noch vertraute, war mein Anwalt Mazoon.

28

Anfang 2014, während Mazoon weiter an der Klage gegen den Staat Ägypten arbeitete, hatte er eine zweite geniale Idee. Die ägyptische Polizei hatte einen australischen Journalisten, der in Ägypten für das Nachrichtennetzwerk *Al-Jazeera* geschrieben hatte, gemeinsam mit einem Kanadier verhaftet. Die Staatsanwaltschaft warf den Männern die Unterstützung einer Terrororganisation vor und ein Gericht verurteilte sie zu sieben Jahren Haft. Das löste internationale Proteste aus. Der Druck auf den ägyptischen Präsidenten, den ehemaligen Armee-Chef Abd al-Fattah as-Sisi wuchs. Im Schnellverfahren verabschiedete die ägyptische Regierung das Dekret 140. Es ermöglichte Sisi, durch einen simplen Erlass die sofortige Deportation von Gefangenen zu veranlassen. So kamen die beiden Journalisten frei, ohne dass Sisi, die Staatsanwaltschaft oder die Polizei das Gesicht verloren. Denn eine »Deportation«, als die Sisi die Übergabe der beiden Männer an ihre Heimatländer verkaufte, war öffentlich vertretbar.

Genau die gleiche Lösung auf Basis des Dekretes 140 wollte Mazoon nun für mich erwirken. Abermals war ich dabei auf die österreichische Botschaft angewiesen, die für die Ablehnung des Gefangenenaustausches durch das Außenministerium tatsächlich nichts konnte. Ich nahm Bittner sein Bedauern darüber sogar ab, dennoch wäre es mir lieber gewesen, Mazoon hätte das Ansuchen allein einreichen können.

Während sich so auf juristischer Ebene immer wieder neue Perspektiven eröffneten, bekam ich auch wieder einen Brief von Lisa. Ich hatte sie zwar nicht mehr angerufen, ihr aber immer wieder geschrieben, ohne noch mit einer Antwort zu rechnen.

Ich las den Brief immer wieder, bis er knittrig und schmutzig war, weil kein Blatt Papier sich lange in einer Zelle wie unserer befinden konnte, ohne scheinbar ganz von selbst knittrig und schmutzig zu werden.

Lisa schrieb, dass sie sich in einem seelischen Ausnahmezustand befinde. Dass sie nicht rational erklären könne, was in ihr vorgehe. Sie habe wohl kein Recht mehr auf mein neuerliches Verständnis, schrieb sie, sie würde aber gerne wieder zurücknehmen, was sie bei unserem letzten Telefonat gesagt habe. »Ich wollte mein Leben zurückhaben, und ich habe wohl das Falsche getan, um es zu bekommen«, schrieb sie.

Ich verstand Lisa zum Teil, aber ich hatte das Gefühl, dass sie mir auch jetzt nicht die ganze Wahrheit darüber geschrieben hatte, was Sache war. Ich ging in der Zelle umher und wusste nicht genau, was ich denken soll. Ihr Brief entspannte mich. Ich war froh darüber. Vielleicht würde für mich die Gelegenheit kommen, alles besser zu machen. Weniger an mich zu denken und mehr an sie. Bloß was enthielt sie mir vor?

Ich schrieb Lisa zurück. Ich schrieb ihr, dass nicht sie die Fehler gemacht habe, sondern ich. Dass ich glücklich gewesen sei, wieder von ihr gehört zu haben.

Dann dachte ich doch wieder an mich. Ich musste meine Tuberkulose- und Hepatitisimpfungen auffrischen. Das machte mir seit Wochen Sorgen. Besonders Hepatitis war in Ägypten verbreitet. Ich brauchte Impfstoff.

Sollte ich in den Brief an Lisa gleich wieder so eine sachliche Bitte schreiben? Doch das Leben in einem ägyptischen Gefängnis war eben so. Es war hart, und der tägliche

Überlebenskampf ordnete sich in letzter Konsequenz alles andere unter. Also schrieb ich es ins P.S. meines Briefes. Bitte sag meiner Mutter, dass ich Tuberkulose- und Hepatitis-Impfstoff brauche. Sie soll so nett sein, mir welchen zu schicken.

Als mich das nächste Mal ein Wärter holte, um mich in das Büro von Dia, dem Gefängnisdirektor zu bringen, war es noch früh am Vormittag. Wollte der Mann etwa mit mir frühstücken?

Dia stand an einem Fenster und sah hinaus. Er wandte mir seinen Rücken zu, während der Wärter hinter uns die Tür schloss. Bittner von der Botschaft war auch da. Am Tisch lag ein Päckchen. Es war bereits offen. »Da sind Ihre Impf-Ampullen drin«, sagte Bittner.

»Vielen Dank«, sagte ich.

Dia schien sauer zu sein, offenbar deshalb, weil ich die Gefängnisdirektion übergangen hatte, als ich die Impfstoffe bestellte. »Sie können die Ampullen mitnehmen«, sagte er. »Die Impfung verabreicht Ihnen der Gefängnisarzt.«

»Ich kann das selber machen«, sagte ich. »Ich bin darin ausgebildet.«

»Die Impfung verabreicht Ihnen der Gefängnisarzt«, wiederholte Dia.

»Das ist mir zu gefährlich«, sagte ich. »Ich mache das lieber selbst.«

Dia sah mich mit zusammengekniffenen Augen an. »Hannes«, sagte er. »Das können Sie nicht machen.«

Ich dachte an das so genannte medizinische Personal des Gefängnisses, dem ich oft genug bei der Arbeit zugesehen hatte. Diese Leute hatten keine Ahnung. Sie behandelten zum Beispiel Verbrennungen, indem sie einfach einen ganz normalen Verband herumwickelten. Wenn einer von denen einen Erste-Hilfe-Kurs absolviert hatte, dann war das wahrscheinlich schon viel.

»Ich riskiere sicher nicht mein Leben wegen eines Mannes, der vielleicht ein paar Wochen lang in einem Krankenhaus den Boden gereinigt hat und sich deshalb jetzt für einen Arzt hält«, sagte ich.

Dia ging langsam um den Tisch herum auf mich zu. Sein Gesichtsausdruck entspannte sich nicht. Als er ganz nah vor mir stand, hielt er die Ampullen vor mein Gesicht. »Die Impfungen verabreicht Ihnen der Gefängnisarzt«, sagte er. »Unsere persönlichen Gespräche sind hiermit beendet.«

Ich wollte etwas sagen, doch Dia schnitt mir das Wort ab. »Sie dürfen gehen. Ich schicke Ihnen den Arzt.«

Ich zögerte, doch Dia wollte tatsächlich nichts mehr hören. Es tat mir leid. Ich hatte ihn nicht verärgern wollen.

Später an diesem Tag kam der Gefängnisarzt mit zwei Wärtern in unserer Zelle. Er war wortkarg und mürrisch und schien eine Impfung als für ihn lästige Sonderdienstleistung zu betrachten. Nachdem ich meinen Unterarm freigemacht hatte, zog er den Inhalt der Hepatitis-C-Ampulle in der Spritze auf und setzte sie an. Als ausgebildeter Sanitäter wusste ich, dass die Hepatitis-C-Impfung intramuskulär zu verabreichen ist. Der Arzt machte alles richtig.

Die Tuberkulose-Impfung erfolgt in die Haut. Der Arzt seufzte, nahm die zweite Ampulle und zog eine weitere Spritze auf. Er stach mir zu tief in den Arm. Ich zuckte zusammen. Er sah mich an und schüttelte vorwurfsvoll den Kopf. Kaum hatte er die Spritze wieder herausgezogen, packte er seine Sachen und verschwand.

Die Einstichstelle der Tuberkulose-Impfung schmerzte. Ich konnte nur hoffen, dass er auch die zweite Spritze richtig gesetzt hatte. Doch die Stelle schwoll an und blieb geschwollen. Nach wenigen Tagen war sie so groß wie ein Tennisball. Ich versuchte, Hilfe zu bekommen. Niemand hörte mir zu.

Ich zeigte den Wärtern meinen Arm und bat sie, den Arzt oder zumindest Dia sehen zu dürfen. Sie wollten nichts davon hören. Ich beschloss, die Schwellung selbst zu öffnen und zu reinigen. Die Gefahr einer Infektion war wegen des allgegenwärtigen Drecks groß, aber ich musste etwas tun. Ich bestellte die Instrumente, die ich dafür brauchte. Ebenfalls keine Chance. Ich bekam keine Bewilligung dafür. Dia ließ mich weiterhin nicht vor.

Zu diesem Zeitpunkt spürte ich meine Finger nicht mehr und mein ganzer Arm fühlte sich taub an. Mein Körper glühte. Ich hatte Fieber. Der Arzt hatte die Impfung verbockt. Ich hatte offenbar eine Blutvergiftung davon getragen.

Ich wusste nicht, was ich tun sollte. Weitere Tage vergingen. Ich fühlte mich wie im Delirium. Da kam endlich Bittner vorbei. Als er meinen Arm sah, erschrak er. »Um Himmels Willen, das muss sofort behandelt werden!«, sagte er. Er ging zur Gefängnisdirektion, um medizinische Versorgung einzufordern.

Ich saß wieder in meiner Zelle und wartete. Das Fieber beeinträchtigte mich zunehmend. Ich konnte keinen klaren Gedanken mehr fassen. Stunden vergingen. Es war Abend geworden, als die Zellentür aufging und das mürrische Gesicht des Arztes darin erschien. Er sah sich meinen Arm an. Er gab ein paar verärgert klingende Töne von sich und drückte mir drei Pillen in die Hand. Dann ging er wieder, ohne ein Wort gesagt zu haben.

In der Nacht schreckte ich hoch und griff um mich, weil ich geträumt hatte, ins Bodenlose zu fallen. Ich sah nur verschwommen und war schweißgebadet. Ich hatte keine Ahnung, wie spät es war und welcher Tag es war. Ich wusste nicht einmal, wo ich war.

Verwirrt sah ich mich um. Langsam dämmerte es mir. Ich befand mich in einem ägyptischen Gefängnis und ich starb gerade an einer Blutvergiftung, die eine bei einer Impfung entstandene Infektion hervorgerufen hatte.

Doch etwas stimmte nicht an dem Szenario. Es war die Sache mit dem Sterben. Es war noch nicht Zeit für mich, zu sterben. Ich konnte etwas tun. Ich wusste nur nicht, was. Doch was konnte es schon sein? Ich musste den Arm selbst verarzten. »Karl«, hörte ich mich rufen. »Bist du da? Karl?«

Meine Stimme war heiser. Ich brachte die Worte kaum heraus. Um mich herum erkannte ich schemenhaft meine Mithäftlinge in der Dunkelheit. Sie lagen in ihren Betten. Karl richtete sich auf. »Ich bin da«, sagte er.

Ich konzentrierte mich so gut ich konnte. »Hast du noch eine Rasierklinge?«, sagte ich. »Ich habe nur einen Thunfischdosendeckel.«

Karl kramte in seinen Sachen. Er hatte noch eine.

Ich krempelte meine Ärmel hoch. »Ich muss den Arm aufschneiden«, sagte ich. »Ich muss die Wunde reinigen. Ich muss das jetzt machen.«

»Warte bis morgen«, sagte er.

»Morgen ist es zu spät«, sagte ich.

In der Dunkelheit konnte ich undeutlich erkennen, wie Karl aufstand. Er wusste, was er zu tun hatte. Er nahm eine Wasserflasche und füllte etwas Wasser in einen kleinen Metallbecher. Dann nahm er den Elektrokocher, den wir in unserer Zelle hatten, und stellte den Metallbecher darauf. Als das Wasser kochte, ließ er die Rasierklinge und den Deckel der Thunfischdose hineinfallen und fischte sie mit einem Löffel wieder heraus. Er setzte sich zu mir ans Bett und reichte mir die Klinge mit dem Löffel. »Sei vorsichtig«, sagte er.

Ich zögerte noch einmal kurz, dann biss ich die Zähne zusammen und schnitt quer durch den Entzündungsherd. Die Schmerzen fuhren mir durch den ganzen Körper. Blut und Eiter quollen aus der Wunde. Ich schnitt weiter. Mein Arm zitterte heftig. Karl griff zu und hielt ihn fest. Schließlich war ich fertig.

Meine Atmung war kurz und flach. Der Schweiß rann mir in Strömen über das Gesicht. Ich griff nach dem Deckel der Thunfischdose und presste ihn auf die Wunde, um den restlichen Eiter herauszuholen. Es fühlte sich an, als würde ich ein glühendes Eisen direkt auf meine Nerven legen. Nur mit Mühe konnte ich einen Schrei unterdrücken.

Einige Häftlinge hatten sich inzwischen ebenfalls in ihren Betten aufgerichtet und sahen neugierig zu.

Als ich den Entzündungsherd fertig ausgedrückt hatte, legte ich vorsichtig einen hohlen Kugelschreiber auf die Wunde. Er diente dazu, die restliche Eiterflüssigkeit abfließen zu lassen. Karl half mir, die Wunde zu reinigen und zu vernähen. Darüber wickelte ich einen Verband aus sauberen Stofffetzen. Erschöpft und zitternd ließ ich mich auf mein Bett fallen. »Danke, Karl«, sagte ich.

Er nickte und legte sich ebenfalls wieder hin.

Ich reinigte die Wunde eine Woche lang täglich mit Kochsalzlösung und verband sie neu. Mein Arm schmerzte stark, aber ich hatte mich an diesen allgegenwärtigen Schmerz gewöhnt. Der Schnitt verheilte.

Dazu trugen auch die Antibiotika bei, die ich mir besorgte. Ich kaufte sie am Schwarzmarkt. Es gab nichts, das es am Schwarzmarkt nicht gegeben hätte. »Du kannst dir hier alles kaufen, Medikamente, Drogen, Handys und Huren, bloß ein faires Verfahren kannst du dir nicht kaufen«, hatte ein Häftling einmal zu mir gesagt.

Einige Wochen, nachdem mein Arm geheilt war, lag ich im Bett, als sich ein Schatten über mich legte. Ich sah auf. Es war Karl. »Hannes«, sagte er. »Morgen bin ich weg.«

Er wirkte nervös und verunsichert. Ich konnte es kaum glauben. Drei Jahre? Drei Jahre waren bereits vergangen?

Ich nickte ihm zu. »Endlich«, sagte ich.

Eine Weile schwiegen wir. Schließlich stand ich auf und legte meine Hand auf seine Schulter. »Pass gut auf dich auf«, sagte ich.

Karl ging zu seinem Bett. Schon drei Jahre, dachte ich. Erst drei Jahre. Karl würde nicht mehr da sein. Es würde anders sein.

29

Am Vormittag eines heißen Sommertages stand ich im Hof, mit einem Stück Papier in der Hand. Es war ein Brief. Die Wärter hatten ihn mir in der Früh gegeben. Der Absender des Briefes war Peter. Jener Peter, der mir damals empfohlen hatte, meine Mutter statt Lisa meine Angelegenheiten erledigen zu lassen. Lisa und ich waren inzwischen wieder in Verbindung, wenn ich auch immer noch den Eindruck hatte, dass etwas nicht stimmte. Dass Peter mir neuerlich schrieb, war kein gutes Zeichen.

Seine Nachricht war diesmal noch kürzer. Er habe gehört, dass ich telefonieren könne, schrieb er mir. Ich solle ihn so rasch wie möglich anrufen.

Ich besorgte mir noch am gleichen Tag ein Telefon. Er hob sofort ab. »Hannes hier«, sagte ich. »Du hast mir geschrieben.«

Er klang erleichtert, als er antwortete. »Hannes, gut, dass du dich meldest. Ich bin nur ungern der mit den schlechten Nachrichten, aber ich kann da nicht mehr zusehen. Ich komme gleich zur Sache. Lisa hat seit eineinhalb Jahren eine Beziehung. Es ist keine gute Beziehung. Ich glaube, dass Drogen im Spiel sind. Sie ist psychisch jedenfalls am Ende. Es geht ihr richtig schlecht. Der Typ, mit dem sie zusammen ist, hat mehrere Vorstrafen. Lass die Finger von der Frau.«

Ich war weniger überrascht, als ich es von mir selbst erwartet hatte. Vielleicht lag es daran, dass Häftlinge in Gefängnissen wie diesem tatsächlich abstumpften. Vielleicht lag es auch daran, dass es gut ist, wenn eine unbewusst bereits gegenwärtige Wahrheit herauskommt.

Ich fragte Peter nach weiteren Details. Nachdem ich mir ein Bild von der Situation gemacht hatte, legte ich auf und wählte ohne Umschweife Lisas Nummer.

Ihr Stimme klang vertraut und doch fremd. Sie erzählte mir alles. Sie hatte den Mann Ende des Jahres 2012 kennengelernt, damals, als sie das Gefühl gehabt hatte, kein eigenes Leben mehr zu haben. Da war er für sie da gewesen. Doch die Kraft, die er ihr gegeben hatte, war eine Illusion gewesen. Bald hatte er Geld gebraucht.

Er hatte angefangen, meine Sachen zu verkaufen. Lisa hatte von dem Geld, das er dafür bekommen hatte, nie etwas gesehen. Er hatte meine gesamte militärische Ausrüstung verkauft und sogar bei meinen Kunden offene Rechnungen kassiert. »Ich bin aus einer Katastrophe in die nächste geraten«, sagte Lisa. »Als ich es gemerkt habe, wusste ich nicht mehr, wie ich wieder herauskomme.«

»Worum ging es?«, fragte ich sie. »Was wolltest du?«

»Ich wollte Normalität«, sagte sie.

Ich hatte Lisa noch nie so niedergeschlagen erlebt.

»Das ist ein Alptraum«, sagte sie.

Ich betrachtete es als meine Pflicht als Ehemann, meiner Frau aus ihrem Schlamassel zu helfen. Deshalb führte ich sie in unserem Gespräch an einen Punkt, an dem sie nur noch »Ja« und »Nein« sagen konnte. Auf die Art bekam ich den Rest der Informationen. Der Typ war inzwischen mehr oder weniger verschwunden. Er meldete sich nur noch zwischendurch. Es war inzwischen so weit, dass die Polizei und der Gerichtsvollzieher wegen seiner Machenschaften, an denen Lisa offenbar nicht ganz unbeteiligt war, ständig an ihrer Haustür standen.

Ich kaufte mir mein eigenes Handy. Es kostete 3.500 Pfund, die meine Mutter der Familie des Dealers überwies.

Es war ein altes Nokia mit einem kleinen Display und einer kompletten Tastatur, eins der ersten Smartphones. Das Gehäuse war lädiert, aber es funktionierte. Damit konnte ich meine Angelegenheiten daheim in Österreich in Ordnung bringen.

Ich machte einen Plan und trug Lisa auf, ihn sich einzuprägen und genauestens zu befolgen. Als erstes sollte sie Freunde um finanzielle Hilfe bitten, um ihre Schulden loszuwerden. »Als nächstes sagst du Leonie die Wahrheit«, sagte ich. »Du brauchst jemanden, der an deiner Seite steht, und den findest du nur, wenn du ehrlich bist.«

Ich kontaktierte inzwischen meine ehemaligen Kollegen, denn von dem Mann ging Gefahr aus. Sie brauchte Personenschutz. Er hatte ihr mehrmals gedroht und sie geschlagen.

Meine ehemaligen Kollegen entwickelten umgehend ein komplettes 24-Stunden-Sicherheitspaket für Lisa und brachten sie mit Leonie in einer Übergangswohnung unter. »Wenn sich die Lage etwas beruhigt hat, ziehst du zu meiner Mutter«, sagte ich.

Ich konnte ihre Erleichterung spüren. »Danke, Hannes«, sagte sie. »Danke für alles.«

Die Sache war mit der Beseitigung der vordergründigen Probleme nicht geklärt. Es ging um uns. Um unsere gemeinsame Zukunft. Ein Vertrauensbruch stand im Raum, und die Frage, wieso es dazu gekommen war. Drei Monate lang schrieben und telefonierten wir die Nächte durch. Wir schliefen kaum. Wir redeten über Scheidung und darüber, ob wir es noch einmal versuchen könnten. Darüber, was war. Darüber, wie wir es schaffen könnten. Darüber, was sie bereut. Darüber, was ich bereue. Darüber, was sie verletzt hat. Darüber, was mich verletzt hat. Wir redeten auch darüber, dass, wenn wir jetzt zusammenbleiben würden, dieses Etwas zwischen uns für immer halten würden. Schließlich kamen wir zu dem Schluss, dass dieses Etwas die große Liebe war.

Lisa

Als es vorbei war, wusste ich, dass ich nur schwer jemanden finden würde, der verstehen würde, was ich getan hatte. Ich konnte nur versuchen, es selbst zu verstehen und es Hannes zu erklären. Ich konnte versuchen, daraus für die Zukunft zu lernen und nach vorne zu blicken.

Etwa ein Jahr, nachdem Hannes verhaftet worden war, wurde mir die Last der Verantwortung zu groß. Die Sache wuchs mir über den Kopf. Ganz einfach.

Hannes sagte in diesem Jahr oft, dass ich sein Universum sei. »Bitte halte nicht nur wegen mir durch, sondern auch wegen anderer Menschen«, sagte ich dann zu ihm. »Wegen deiner Mutter und wegen deiner Tochter zum Beispiel.«

Wahrscheinlich dachte er, dass ich ihn damit zusätzlich motivieren wollte. In Wirklichkeit fühlte ich mich damit überfordert, ganz allein sein Leben in meinen Händen zu halten.

Dazu kamen der Schmerz über unsere Trennung, die Unsicherheit, die ständige Angst um ihn und seine Gesundheit und schließlich meine Existenzängste. Hannes brauchte Geld, die Anwälte kosteten ein Vermögen, die Flüge waren teuer, und ich hatte ein Haus zu erhalten und ein Kind zu ernähren.

Irgendwann hätte ich viel dafür gegeben, all das wenigstens für kurze Zeit vergessen zu können. Denn irgendwann spürte ich mich selbst nicht mehr. Ich hatte das Gefühl, nur noch eine leere Hülle zu sein. Einige meiner Freundinnen sahen das. Sie meinten, ich solle einen Schritt zurücktreten. Mich wieder mehr auch um mich selbst kümmern. Denn nur wenn es mir selbst einigermaßen gut gehe, könne ich für Hannes da sein.

Ich konnte aber nie einen Schritt zurücktreten. Ich konnte mir keine Auszeit nehmen. Es stand immer irgendeine wichtige

Entscheidung an und ich musste erreichbar sein. Ich musste funktionieren. Ich wollte nicht akzeptieren, dass mein Leben nur noch aus dem Vermitteln zwischen Anwälten und Behörden und der Versorgung meines in Ägypten inhaftierten Mannes bestand. Ich fühlte mich ausgebrannt und leer und hatte diese Sehnsucht nach Normalität.

Als mich ein Mann auf einen Kaffee einlud, fühlte sich der Nachmittag mit ihm im Kaffeehaus wie Normalität an. Es fühlte sich falsch an, sie mit einem anderen Mann zu erleben. Doch perfekte Normalität gab es für mich wohl nicht. Das Gefühl, Hannes im Stich zu lassen, nagte danach die ganze Zeit an mir, doch ich setzte mich darüber hinweg. Wohl auch aus Trotz. Aus Protest dagegen, nichts mehr weiter als die Erfüllungsgehilfin des Schicksals eines anderen zu sein. Ich wollte Hannes nicht mehr lieben.

Ich hielt alles vor ihm geheim, auch weil ich tief in mir immer wusste, wohin ich gehörte, und dass meine Normalität einer Konfrontation mit ihm nie standgehalten hätte. Als Hannes alles mitbekam, nachdem sich meine vermeintliche Normalität auch noch als das genaue Gegenteil davon entpuppt hatte, wachte ich dann auch auf.

30

Viele Monate waren vergangen, seit Mazoon die österreichische Botschaft auf das Dekret 140 aufmerksam gemacht hatte. Wir hatten inzwischen das Jahr 2015. Wenn ich Mazoon darauf ansprach, schüttelte er den Kopf. Er hatte die Vorgehensweise der Botschaft detailliert erklärt und konnte jetzt auch nur warten.

Ich wusste nicht mehr, wie ich die Botschaft motivieren konnte, etwas zu tun. Ich trat in den Hungerstreik. Von da an trank ich nur noch Wasser. Tage vergingen. Dann waren es Wochen. Anfangs reagierte die Botschaft mit Desinteresse. Dann verfiel sie in Panik. Sie bat mich, wieder zu essen. Sie brachte mir Briefe von meiner Familie mit dem gleichen Inhalt. Ich hungerte weiter.

Geschwächt und deshalb unter größten Anstrengungen verfasste ich einen Brief. Ich schrieb an die Botschaft, dass ich meinen Hungerstreik so lange fortsetzen würde, bis ich ernsthafte Bemühungen von ihrer Seite in meiner Sache erkennen könne. Nach dreißig Tagen drohte mir die Botschaft mit Zwangsernährung, doch ich machte weiter.

Die kleinsten Bewegungen fühlten sich inzwischen wie eine Herkules-Aufgabe für mich an. Es fiel mir inzwischen sogar schon schwer, aufs Klo zu gehen. Nach vierzig Tagen bekam Lisa am Telefon einen Panikanfall. Unter Tränen flehte sie mich an, wieder zu essen. Ich brach meinen Hungerstreik ab, ohne etwas damit erreicht zu haben.

Als ich wieder zu Kräften kam, rief ich Mazoon an. »Vergiss die Botschaft«, sagte er. »Du weißt, dass ich nicht gerne große Versprechungen mache. Aber es könnte sein, dass wir mit unserer Klage gegen den Staat Ägypten bald durchkommen.«

Ich hätte Mazoon dafür gerne umarmt. Wenn er einmal »es könnte sein« und »bald« sagte, dann bedeutete das, dass die Sache so sicher war, wie sie nur irgendwie sein konnte. »Du hast es von Anfang an gesagt«, sagte ich. »Du hast immer gesagt, dass jeder, der sich den Fall ansieht, auf den ersten Blick erkennen wird, dass da etwas nicht stimmt.«

»Warte ab«, sagte Mazoon. »Freu dich nicht zu früh. Das hier ist immer noch Ägypten. In Ägypten kann jeden Tag alles anders sein.«

Die Bedingungen in der Gefängniszelle verschlechterten sich indessen. Ägypten drohte, im Chaos zu versinken. 23 Millionen Obdachlose streiften durch das Land. Die Flüchtlinge überschwemmten die Städte. Immer mehr von ihnen landeten in den Gefängnissen, auch bei uns. In meiner Zelle waren jetzt bis zu 32 Menschen untergebracht, von denen zwanzig kreuz und quer am Boden schlafen mussten. Manche der Flüchtlinge, die keine Hilfe von Verwandten und Freunden draußen bekamen, verkauften ihr Essen trotzdem und jagten Katzen im Hof, die sie schlachteten und in der Zelle über einem offenen Feuer brieten.

Ein Mithäftling verriet mich. Er erzählte einem Wärter, dass ich ein Handy hatte. Für mich bedeutete das nicht nur den Verlust des Handys. Ich musste außerdem für sieben Tage in Einzelhaft.

Sie führten mich in die dafür vorgesehene Zelle. Drei Quadratmeter. Vier Wände ohne Fenster. Beton als Boden und ein Eimer in der Ecke. Das war alles. Ich durfte nichts mitnehmen. Ich würde am Tag ein Stück Brot essen und die Wärter erlaubten je eine Flasche mit 1,5 Litern Wasser.

Ich saß an die Wand gelehnt da und genoss die Stille. Ich war zum ersten Mal, seit ich nach Ägypten gekommen war, allein. Irgendwann streckte ich mich am blanken Beton zum Schlafen aus. Ich hatte schon lange nicht mehr so gut geschlafen.

Am nächsten Tag ging die Tür auf und eine Decke flog herein. Eine Stunde später ging sie neuerlich auf und Kerzen und Streichhölzer folgten. Dann Bücher. Eine Thunfischdose. Zigaretten. Noch eine Thunfischdose. Eine Dose *Coca Cola*.

Ich wusste, woher die Sachen kamen. Häftlinge bestachen die Wärter mit Zigaretten oder einigen Pfund, um sie mir hereinwerfen zu dürfen. Das war kein Sozialdienst. Vielmehr war ich unter den Häftlingen inzwischen zu einem wichtigen Mann geworden. Dies wegen meiner medizinischen Kenntnisse.

Ich versorgte Wunden. Ich kümmerte mich um Verbrennungen, zum Beispiel nach Unfällen mit dem Wasserkocher, oder um Verletzungen nach Schlägereien. Gerade hatte ich einen sieben Zentimeter langen Schnitt im Bauch eines Ägypters zugenäht, wobei er mir nicht verraten wollte, woher er den hatte. Ich desinfizierte die Wunden und versorgte sie mit medizinischen Näh-Kits und Verbandsmaterial. Beides schickte mir meine Mutter.

Die Häftlinge hätten dafür bezahlt. Der Mann mit dem Bauchschnitt etwa war bereit gewesen, mir 3.000 Pfund zu geben. Doch diese Menschen waren in Not. Es gab niemanden, der sich um ihre Wunden kümmerte. Ich betrachtete es als meine Pflicht, ihnen zu helfen.

Um anderen zu helfen war ich auch zum Militär und zur Polizei gegangen. Ich konnte und wollte kein Geld für meine Hilfe nehmen. Deshalb revanchierten sich die Häftlinge, indem sie mir jetzt in der Einzelhaft halfen.

Jeden Tag in der Früh brachten sie mir Kaffee und Kekse. Bald hatte ich mehr Sachen und Lebensmittel in der Zelle, als ich brauchen konnte. Ich genoss es so sehr, meine Ruhe zu haben, dass ich am dritten Tag den Wärtern Zigaretten dafür gab, dass sie keinen mehr vorließen.

»Come«, sagte einer der Wärter am Ende des siebten Tages zu mir.

»No«, sagte ich.

Verwirrt winkte er mir mit der Hand, die Zelle zu verlassen.

Ich blieb sitzen. »No«, sagte ich.

Ich wollte den Luxus des Alleinseins noch eine Weile genießen. Ich las, aß und schlief. Ich hatte kein Fenster, aber sonst war alles wunderbar.

Am elften Tag kam ein Wärter, der etwas besser Englisch sprach. Er könne es nicht verantworten, dass ich noch länger hierbleibe, sagte er. Ich müsse jetzt gehen.

Seufzend stand ich auf, packte meine Sachen und folgte ihm.

In den kommenden Monaten musste ich mich wieder mit gemieteten Telefonen begnügen. Doch ich brauchte eine Alternative zu den Handys, um laufend Kontakt zur Außenwelt halten zu können. Ich hatte immer wieder darüber nachgedacht, welche Alternative das sein könnte. Dabei hatte ich nach und nach eine Idee entwickelt, die ich jetzt umsetzte.

Im Katalog eines Elektronikhändlers, den mir Lisa geschickt hatte, suchte ich mir die Bauteile zusammen. Schließlich kaufte ich mir ein billiges chinesisches *PlayStation*-Imitat. Dieses Gerät schickte mir Lisa auf ganz legalem Weg. Sie schickte mir eins ohne WLAN, das ich in meiner

Zelle mit einigen Bauteilen aufrüstete, mit einem Nagel als Lötkolben und einer Heizspirale.

Jetzt fehlte nur noch ein Internet-Hotspot. Den musste Lisa für mich in die Zelle schmuggeln. Ich erklärte ihr detailliert, wie sie dabei vorgehen solle.

Lisa war nervös, als wir uns an dem betreffenden Tag im Besucherraum gegenüberstanden. Sie war in schlechter körperlicher Verfassung. Das sah ich ihr auf den ersten Blick an. Bittner war auch dabei. Ein Offizier der Gefängnisverwaltung überwachte die Begegnung.

Wie vereinbart brachte mir Lisa vier große Schachteln voller Lebensmittel. Der Hotspot steckte in ihrer Handtasche. Er war so groß wie eine Streichholzschachtel. Wenn sie mit einem Mitarbeiter der Botschaft kam, kontrollierten die Wärter ihre Handtasche nicht.

Es kam zu einem Zwischenfall, mit dem ich nicht gerechnet hatte. Ein Wärter biss ein Kaffeepaket auf, um zu sehen, ob auch wirklich Kaffee darin war. Lisa beschwerte sich. »Was soll das?«, sagte sie auf Englisch. »Was glauben Sie, wozu es da oben einen Verschluss gibt? Glauben Sie, jemand will Kaffee trinken, in dem Sie Ihre Zähne hatten? Nehmen Sie den Kaffee. Sie können ihn behalten.«

Dem Offizier war das peinlich. Wir unterhielten uns kurz, dann tat ich, was Lisa und ich vereinbart hatten. Ich stand auf und schüttelte dem Offizier herzlich die Hand. »Danke trotzdem für den reibungslosen Ablauf«, sagte ich.

Er war überrumpelt und lächelte unsicher. »Das ist selbstverständlich«, sagte er.

Aus den Augenwinkeln konnte ich sehen, wie Lisa den Moment nutzte und in ihre Handtasche griff.

Der Offizier wollte seine Hand zurückziehen, doch ich hielt sie fest. »Nein, wirklich«, sagte ich. »Ich meine das ernst. Es gibt so viele Missverständnisse, da freut es mich, wenn einmal jemand menschlich reagiert.«

Lisa ließ den Hotspot in eine bereits kontrollierte Schachtel fallen. Ich ließ die Hand des Offiziers los.

In meiner Zelle nahm ich den Hotspot und meine Konsole auseinander und verband beides miteinander. Ich war stolz, als ich fertig war. Ich brauchte kein Handy mehr, und dieses Gerät brauchte ich nicht zu verstecken. Ich konnte es vor aller Augen herumliegen lassen. Kein Mensch würde auf die Idee kommen, dass ich mit dieser Spielkonsole mit dem Universum da draußen in Verbindung stand. Ich würde sogar wieder Beratungsaufträge übernehmen können, dachte ich. Ich konnte Sicherheitskonzepte entwickeln. Ich war nicht sicher, ob ich dafür Geld bekommen würde, aber ich würde Beschäftigung haben und mit der Berufswelt in Kontakt bleiben.

Lisa

Das Schlimmste für mich war, dass mich niemand ernstnahm. Weder die ägyptischen noch die österreichischen Behörden, weder das Außenministerium noch die Botschaft. Sie betrachteten mich offenbar als hysterische Ehefrau, die ständig in Panik geriet und alles dramatisierte. Sie sprachen mir jegliche Kompetenz ab.

Ich reagierte oft emotional. Ich verstand einfach nicht, wie es sein konnte, dass ein Mensch unverschuldet in so eine Situation geraten konnte und es alle als Schicksal, das der gegenwärtig labilen politischen Situation in Ägypten geschuldet war, hinnahmen. Dass alle diesem Menschen auch noch mit Argwohn und Misstrauen begegneten, statt mit Beistand und Fürsorge. Niemand auf österreichischer Seite wollte uns schaden, das wusste ich. Es war deshalb nicht böser Wille, der mich so oft aufbrachte, sondern es war die Gleichgültigkeit.

Dabei zeigten die österreichischen Beamten durchaus auch menschliche Züge. Wolfgang Bittner etwa, der eine Verlegung von Hannes und Karl aus dem Tora-Lumar-Gefängnis in ein viel besseres erwirkt hatte, rief mich einmal nach einem heftigen Streit über diese Gleichgültigkeit an. »Mir war nicht bewusst, wie Sie mein Verhalten auffassen«, sagte er. »Bitte verstehen Sie aber auch uns. Wir tun, was wir können. Doch seit ich hier arbeite, hatten wir noch nie so einen Fall. Wir machen vielleicht Fehler, aber wir lernen im Gehen.«

Hannes hatte davon nichts, aber ich fand das respektvoll und erfrischend ehrlich.

Die Mitarbeiter der Botschaft waren, je nachdem, wer gerade für Hannes zuständig war, mehr oder weniger hilfsbereit. Das größere Problem war das Außenministerium. Die Beamten dort hielten Hannes anfangs offenbar wirklich für einen Verbrecher. »Niemand hat ihn gezwungen, mit Waffen nach Ägypten zu fliegen«, sagte ein Beamter einmal zu mir. »Jetzt muss er eben das Beste daraus machen.«

Als ich die Haftbetreuung auch gegenüber den Medien kritisierte, gab mir ein Beamter außerhalb des Protokolls einen Rat. »Hören Sie auf damit«, sagte er. »Wir könnten die Haftbetreuung auch auf zwei Mal pro Jahr reduzieren und ihm nur noch Couscous und Reis bringen.«

Ich dachte, irgendetwas falsch verstanden zu haben, doch auch meine Schwiegermutter, die dabei war, empfand das als Drohung.

Manchmal dachte ich in solchen Situationen an den österreichischen Arzt Eugen Adelsmayr, der in Dubai verhaftet und des Mordes angeklagt wurde, als eine seiner Patientinnen nach einer Operation starb. Das halbe Außenministerium flog damals nach Dubai und holte ihn heim, während der Prozess gegen ihn noch lief.

Doch wir waren nur wir. Wir waren weder prominent, noch hatten wir Geld. Für mich sah es so aus, als wären beides entscheidende Kriterien, wenn es darum ging, ob und in welchem Ausmaß sich das Außenministerium für einen österreichischen Staatsbürger engagierte. Wer kein Geld hatte und niemandem nutzte, war nichts wert.

Es gab nicht nur grundlegende Missverständnisse zwischen den Behörden und mir, sondern ebensolche auch zwischen den ägyptischen und den österreichischen Behörden. Die Ägypter dachten, sie hätten mit Hannes einen Trumpf im Ärmel, den sie bei Verhandlungen mit Österreich ausspielen konnten. Was nicht der Fall war, weil sich die Österreicher in die Position zurückzogen, dass ein Urteil eben ein Urteil und deshalb anzuerkennen war.

Die Österreicher wiederum verstanden die Spielregeln der Ägypter nicht. Sie verstanden nicht, dass Gutachten, Protokolle, Bestätigungen, Beglaubigungen und offizielle Papiere fast jeder Art in Ägypten relativ wertlos waren. Hier war sogar eine Staatsbürgerschaft für 200 Pfund am Schwarzmarkt zu haben. Das bedeutete nicht, dass die Österreicher die Ägypter bestechen hätten müssen, sie hätten bloß abseits von Formalakten das Gespräch suchen müssen.

Immerhin verbesserte sich das Verhältnis zwischen den Behörden und mir deutlich, als ich Astrid Wagner kennenlernte. Die prominente Anwältin war über die Medien auf uns aufmerksam geworden und meinte, sie wolle da nicht länger zusehen. Sie verdiente gut mit Fällen in Bereichen wie dem Straf- oder dem Mietrecht und engagierte sich immer wieder für Klienten, von denen sie keine hohen Honorare zu erwarten hatte.

Als Wagner unsere Kommunikation mit den österreichischen Behörden übernahm, war mein Verhältnis zu ihnen bereits schwer beschädigt. Ich wurde schon aggressiv, wenn ich bloß die Nummer des Außenministeriums am Display meines Handys aufleuchten sah. Sie zeigte mir nun, wohl zur Erleichterung beider Seiten, wie diese Kommunikation richtig lief und brachte die Dinge wieder in Bewegung. Im Außenministerium zeigten auf einmal einige Beamte der zweiten Ebene ein freundliches Gesicht und erwiesen sich als hilfsbereit.

In der österreichischen Botschaft in Kairo änderte sich auch vieles, ganz ohne unser Zutun, als der Diplomat Georg Stillfried sie übernahm. Als Diplomatenkind kannte er Ägypten aus seiner Kindheit und verstand die Spielregeln. Er wusste, was zu tun war, und wie es zu tun war.

Auch in der Haftbetreuung gab es einen Personalwechsel. Eine Frau namens Marion Kofler war jetzt für Hannes zuständig, und sie zeigte sich ebenso professionell wie menschlich. Alles wurde auf einmal besser. Doch Hannes saß noch immer in Kairo in Haft.

31

Es vergingen dann noch einmal Wochen, doch Mazoon behielt recht. Ich bekam es schriftlich. Ein Gericht bestätigte, dass mein Prozess illegal gewesen war. Meine Verurteilung sei hinfällig und ich würde aus allen Strafregistern gestrichen. Mazoon hatte mich bereits darauf vorbereitet, dass das ein moralischer Sieg war, aber kein realer. Denn in dem Schreiben des Gerichtes stand auch, dass es meine Strafe nicht aufheben könne. Da es sich um einen Fall der Staatssicherheit handle, könne nur sie das tun.

Mazoon saß mir gegenüber im Besucherraum, mit seiner Hornbrille, die ständig verrutschte, als ich mit zittrigen Händen die Papiere festhielt, die meine Unschuld bestätigten. Erst jetzt begriff ich, wie wichtig mir diese Bestätigung war. Niemand hatte mir geglaubt. Nicht einmal meine eigene Botschaft. Sogar die österreichischen Medien hatten mich anfangs wie einen Verbrecher hingestellt. Und jetzt das.

Ich dachte gar nicht so sehr daran, dass ich trotzdem im Gefängnis bleiben würde. Ich dachte nur daran, dass endlich eine relevante Stelle die Wahrheit festgehalten hatte. Das befreite mich auf eine innere Art.

»Jetzt geht es weiter«, sagte Mazoon.

»Was tun wir?«

»Wir suchen mit diesen Unterlagen um Haftverkürzung an«, sagte er.

»Haben wir eine Chance?«

Mazoon war noch immer nicht der Typ für große Versprechen, doch in seinen Augen funkelte es.

Nach diesem Gespräch führten mich die Wärter nicht zurück in meine Zelle, sondern zur Gefängnisdirektion.

Vielleicht hatte Dia von meinen Problemen nach der Impfung gehört und eingesehen, dass ich bei unserer kleinen Auseinandersetzung wegen der Impfung im Recht gewesen war. Ich hoffte es, als der Wärter die Tür zu seinem Zimmer öffnete.

Hinter dem Schreibtisch des Gefängnisdirektors saß allerdings nicht Dia, sondern ein anderer Mann. Er trug einen prächtigen Schnauzer, der genauso weiß strahlte wie seine Haare. Sein Händedruck war fest und bestimmt. »Mein Name ist Salam Al-Shabi«, sagte er. »Ich bin der neue Leiter dieses Gefängnisses. Ich wollte mir ein Bild von Ihnen machen.«

An der Wand hinter seinem Schreibtisch hing eine Tafel, an der verschiedene Abzeichen hingen. Darunter war ein Abzeichen, ein grüner Skorpion auf gelben Hintergrund, das ich kannte. Es war das Abzeichen der österreichischen *KFOR*-Einheit im Kosovo, einer gepanzerten Jägereinheit, der ich angehört hatte.

Al-Shabi bot mir einen Stuhl an. »Wollen Sie eine Tasse Kaffee?«, sagte er. »Sie kommen mir so bekannt vor, obwohl ich Sie bestimmt noch nie gesehen habe.«

Wegen des Abzeichens an seiner Tafel erzählte ich ihm von meinen Auslandseinsätzen im Dienst des österreichischen Bundesheers. Als ich ihm von meinem Kosovo-Einsatz erzählte, unterbrach er mich. »Moment«, sagte er. »Wann genau waren Sie im Kosovo? Und wo genau?«

Es stellte sich heraus, dass wir tatsächlich zur gleichen Zeit am gleichen Ort gewesen waren. Meine Einheit hatte Aufgaben wie Patrouillenfahrten übernommen. Einmal hatten wir ein Massengrab bewacht, während die forensischen Experten dort ihre Arbeit getan hatten.

Wenn es zu gröberen Vorfällen gekommen war, wenn wir zum Beispiel Sprengfallen entdeckten oder auf bewaffnete Zivilisten trafen, riefen wir die *UN-MIK-Police* hinzu, wobei

MIK für »Mission in Kosovo« stand. Die hatte mehr Befugnisse als wir. Al-Shabi war damals im Dienst dieser Einheit. Ich konnte mich sogar noch daran erinnern, dass wir etwa fünfzig der Abzeichen verschenkt hatten. Al-Shabi musste einer der Empfänger gewesen sein.

Er schlug die Hände zusammen. »Wie klein die Welt ist«, sagte er. Gleich darauf verdunkelte sich sein Blick. »Wie um Himmels Willen bist du hier gelandet?«, fragte er.

Ich erzählte ihm meine Geschichte. Wie ich mein eigenes Unternehmen gegründet hatte, wie ich alles penibel geplant hatte, wie ich mich ein einziges Mal bei einem Waffen-Transfer auf einen Last-Minute-Deal eingelassen hatte, wie ich festgenommen, ausgeraubt und politisch instrumentalisiert worden war.

»Um Gottes willen!«, sagte er.

Al-Shabi griff zu dem Telefon, das vor ihm auf dem Tisch stand. »Ich werde meine Hand für dich ins Feuer legen«, sagte er. »Ich werde alles tun, um deine Entlassung zu beschleunigen.«

Ich konnte es nicht fassen. Ich spürte ein machtvolles Gefühl in mir, das mir beinahe fremd geworden, das in den vergangenen Wochen unmerklich immer stärker geworden war und das mich von innen zu heilen schien: Hoffnung.

Dieses Gefühl blieb in den kommenden Wochen. Lisa verstärkte es mit ihren Aktionen in Wien. Sie hatte inzwischen ein kleines Team zusammengestellt, mit dem sie für mich kämpfte. Eines Tages hat ein Mann namens Gustav Jobstmann in ihrem Garten gestanden. Er hatte von mir in der Zeitung gelesen und bot ihr seine Hilfe an. Laut seiner Homepage war er Unternehmensberater, Mediator und Menschenrechtsaktivist. Er besaß ein Kapitäns-Patent und aus Gründen, die Lisa und ich nicht kannten, hatte er

Kontakte zum ägyptischen Militär. Ohne die geringste Gegenleistung zu verlangen, war er ständig in meiner Sache am Telefonieren.

Die Dritte in Lisas Runde war Astrid Wagner, eine ziemlich ausgeschlafene Rechtsanwältin. Sie arbeitete ebenfalls unentgeltlich für Lisa. Sie übernahm auch die Kommunikation mit den Behörden und den Medien. Beides lief seither professionell und in unserem Sinn. Einige Beamte des Außenministeriums und die Botschaft strengten sich jetzt an. Ich hatte das Gefühl, dass jetzt viele ernsthaft für mich kämpften. Vor allem Georg Stillfried, der neue österreichische Botschafter in Kairo, war ein Segen. Er kannte sich aus. Er tat alle Dinge, die ich bisher vergeblich von der Botschaft erwartet hatte.

Manchmal saß ich nur so da und dachte über Dinge nach, über die ich schon lange nicht mehr nachgedacht hatte. Darüber zum Beispiel, wie ich mich in den vergangenen Jahren verändert hatte.

Höfliche Floskeln interessierten mich nicht mehr. Ich hatte eine Allergie gegen Bullshit entwickelt. Ich hatte das Gefühl, dass mein Geist schärfer geworden war. Ich hatte so viel gelesen. Meine Physik- und Chemiekenntnisse sowie meine Sprachkenntnisse hatten sich dabei verbessert. Ich hatte mich intensiv mit Notfallmedizin auseinandergesetzt. Ich würde anders aus Ägypten heimkommen, als ich hingefahren war. Niemand würde mich jemals wieder so leicht hinters Licht führen können.

Zum ersten Mal konnte ich die Strahlen der ägyptischen Sonne auch genießen. Ich konnte wieder an die Zukunft denken. An eine Wiese zum Beispiel. Ich hatte so lange keine Wiese mehr gesehen. Ich fragte mich, wie es sein würde, Grashalme unter meinen Fußsohlen zu spüren.

32

Al-Shabi kam zu mir in die Zelle und setzte sich an mein Bett. Ich hatte ihn noch nie hier gesehen, weder ihn noch seinen Vorgänger Dia. Die Direktoren hatten genug Offiziere unter sich, die sie hierher schicken konnten.

Ich hatte seit zwei Jahren eins von den guten Betten ganz unten und setzte mich auf, als er Platz nahm. »Hallo Hannes«, sagte er. »Ich würde gerne etwas mit dir besprechen.«

Seltsam, dass er selber kam, dachte ich. Vermutlich handelte es sich um ein Problem der eher schweren Art. »Was gibt es?«, fragte ich ihn.

»Was hältst du davon, wenn wir das bei mir im Büro besprechen?«, fragte er.

»Okay.«

Ich stand auf. Wir traten durch die offene Zellentür hinaus in den Gang, durch die Gittertür in den Korridor und gingen nebeneinander her zu seinem Büro. Dort bot er mir an seinem Besprechungstisch Platz an.

»Was ist passiert?«, fragte ich.

»Möchtest du Kaffee?«

»Du spannst mich auf die Folter«, sagte ich.

Er bereitete Kaffee zu und servierte mir eine Tasse davon. Ich nahm einen Schluck. Es war guter, schwarzer, ägyptischer Kaffee in einer eleganten, aber schon etwas abgeschlagenen Porzellantasse.

»Es ist vorbei«, sagte er zu mir.

»Was ist vorbei?«

»Deine Entlassungspapiere sind da.«

Ich lauschte seinen Worten nach, die in der schwülen ägyptischen Luft zu versinken schienen. Seltsam, dachte ich. Ich habe auf diesen Moment so lange gewartet. Jetzt ist er da und ich spüre keine Regung. Vielleicht hatte mich genau das in den vergangenen fünf Jahren davor bewahrt, den Verstand zu verlieren, dachte ich. Dass sich, egal ob Weihnachten war oder jemand auf mich schoss, meine Stimmung immer ähnelte. Während ich das dachte, spürte ich etwas Heißes auf meiner Brust. Als ich nach unten sah, bemerkte ich, dass ich mich mit Kaffee angeschüttet hatte.

»Du bist ab sofort ein freier Mann«, sagte Al-Shabi. »Du hast hier im Gefängnis jetzt den gleichen Status wie die Flüchtlinge. Du brauchst nur noch einen Reisepass und es fehlen noch einige Formalitäten, aber spätestens in zwei Wochen bist du daheim. Eher früher. Ich schätze, ich bekomme es so hin, dass dir die Schubhaft erspart bleibt.«

Ich nahm einen Schluck vom Rest des Kaffees. »Gut«, sagte ich.

Lisa

»Es ist so weit, denke ich. Ihr Mann kommt demnächst nach Hause.«

Als mich unser Anwalt mit dieser Nachricht anrief, wollte ich es nicht glauben. Zu oft hatte ich Vertröstungen gehört. Zu oft waren Fristen ungenutzt verstrichen. Ich hatte gelernt, auf Gesagtes wenig Wert zu legen. Für mich zählten nur noch Fakten. War das fix? Welche Belege gab es dafür? Gab es ein offizielles und unterschriebenes Dokument mit dem Emblem der ägyptischen Staatssicherheit am Briefkopf?

Ich dachte darüber nach und wusste auf einmal, dass es stimmte. Ich wusste, dass er bald heimkommen würde, seit ich zuletzt im Juni nach Kairo geflogen war. Meine Stimmung war anders gewesen als sonst.

Ich wohnte im Gästehaus der deutsch-evangelischen Gemeinde. Meine Unterkunft wirkte wie eine große Wohngemeinschaft für Erwachsene. Sie war gemütlich eingerichtet. Das Wohnzimmer war geräumig und alles war im typisch arabischen Stil gehalten: groß, schwer, reich verziert und dunkel.

Im Wohnzimmer gab es eine kleine Bibliothek mit Büchern und auf jedem Tisch stand eine Taschentuchbox. Als ich in diesem Wohnzimmer saß und mich auf meinen Besuch bei Hannes vorbereitete, spürte ich wieder dieses Gefühl, diese Gewissheit. Das würde mein letzter Besuch in Kairo sein. Er würde heimkommen.

Jetzt fiel mir auch auf, dass vom ersten Tag unserer Misere an immer die Zahl fünf durch meine Gedankenwelt gegeistert war. Das machte Sinn. Fünf Jahre waren vergangen, seit ich Hannes zum Flughafen Wien Schwechat gebracht und ihn unterwegs gefragt hatte, ob er seinen Reisepass dabei habe.

33

Als ich zurück in die Zelle kam, brauchte ich die Neuigkeiten niemandem zu erzählen. Alle wussten es schon. Sergej kam zu mir. Er freute sich für mich, aber er war nicht glücklich. »Ich weiß nicht, wie ich ohne dich hier durchhalten soll«, sagte er.

»Sergej«, sagte ich. »Ich komme jetzt frei. Ich kann es mir gar nicht vorstellen.«

»Ja, du kommst frei«, sagte er. Es klang, als würde ihm zum ersten Mal bewusst, dass es diese Möglichkeit überhaupt gab.

Sergej kam nicht frei. Er würde noch sieben Jahre hier ausharren müssen. Sieben Jahre. In diesem Moment, in dem mir meine verbliebenen höchstens zwei Wochen wie eine lange Zeit erschienen, kamen mir sieben Jahre länger als ein Menschenleben vor.

Ich saß eine Weile nur da und surfte auf meiner Spielkonsole im Internet. Dabei stieß ich auf einen aktuellen Artikel auf der Seite von *Human Rights Watch* über das *Tora*-Gefängnis, das, wie ich inzwischen wusste, den Spitznamen »Skorpion« trug.

Ägypten: Schwere Menschenrechtsverletzungen im Gefängnis »Skorpion«

Isolationshaft, Schläge, Nahrungsentzug und Verweigerung von Medikamenten

In einem Hochsicherheitsgefängnis in Kairo, in dem zahlreiche politische Gefangene inhaftiert sind, verüben die Behörden routinemäßig Menschenrechtsverletzungen an Häftlingen. In einigen Fällen hat dies möglicherweise zum Tod der Betroffenen beigetragen, so Human Rights Watch in einem heute veröffentlichten Bericht.

Die Mitarbeiter im Gefängnis »Skorpion« schlagen Häftlinge brutal, isolieren sie in engen »Disziplinarzellen«, behindern ihre medizinische Behandlung und schneiden den Kontakt zu Angehörigen und Anwälten ab, so der 80-seitige Bericht »'We Are in Tombs': Abuses in Egypt's Scorpion Prison«. Der Bericht dokumentiert die grausame und unmenschliche Behandlung von Gefängnisinsassen durch Beamte des ägyptischen Innenministeriums, welche gegen grundlegende internationale Normen für den Umgang mit Häftlingen verstößt und in einigen Fällen die Definition von Folter erfüllt.

(...)

Human Rights Watch befragte zwanzig Angehörige von Häftlingen, die in »Skorpion« festgehalten werden, sowie zwei Rechtsanwälte und einen früheren Gefangenen. Zudem wurden Krankenakten und Fotos von kranken oder verstorbenen Häftlingen ausgewertet.

(...)

Die befragten Angehörigen gaben an, die Haftbedingungen in »Skorpion« hätten sich im März 2015 drastisch verschlechtert, als al-Sisi, der 2014 zum Präsidenten gewählt worden war, Magdy Abd al-Ghaffar zum Innenminister ernannte. Von März bis August 2015 untersagten Beamte des Innenministeriums alle Besuche durch Angehörige und Anwälte und schnitten das Gefängnis damit faktisch von der Außenwelt ab.

Das Verbot verhinderte, dass Familienangehörige den Häftlingen dringend benötigte Nahrungsmittel und Medikamente brachten, die im Gefängnis nicht verfügbar waren. Dort gibt es weder eine Krankenstation noch regelmäßige Arztbesuche. Angehörige beschrieben dieses Vorgehen als bewusstes »Aushungern«, in dessen Folge die Häftlinge krank und mager gewesen seien.

Von Mai bis Oktober 2015 starben in »Skorpion« mindestens sechs Personen während ihrer Haft. In drei Fällen erklärten sich Angehörige bereit, mit Human Rights Watch zu sprechen. Bei zwei der Verstorbenen war eine Krebserkrankung diagnostiziert worden, bei einem Diabetes. Laut Aussage der Befragten verhinderten die Behörden, dass die Männer rechtzeitig ärztlich behandelt wurden oder Medikamentenlieferungen erhielten.

(…)

Wenngleich es auch in anderen Gefängnissen in Ägypten zu schweren Misshandlungen an Häftlingen gekommen sein soll, hat sich »Skorpion« – nicht zum ersten Mal in seiner Geschichte – zur zentralen Hafteinrichtung für angeblich gefährliche Staatsfeinde entwickelt.

Das offiziell als Hochsicherheitsgefängnis Tora bezeichnete Gefängnis wurde 1993 errichtet und sollte laut Gründungsdekret zur »Präventionshaft in Fällen der Staatssicherheit« dienen.

»Es wurde so gebaut, dass alle, die einmal hinkommen, nie wieder herauskommen«, so Generalmajor Ibrahim Abd al-Ghaffar, ein ehemaliger Aufseher in »Skorpion«, in einem Fernsehinterview im Jahr 2012. »Es war für politische Häftlinge ausgelegt.«

Die Nationale Sicherheitsbehörde des Innenministeriums, damals noch als Staatssicherheit bezeichnet, betrieb die Haftanstalt faktisch außerhalb jeder gerichtlichen Kontrolle. Sie ignorierte unzählige richterliche Anordnungen zur Aufhebung willkürlicher Zugangsbeschränkungen.

Ich dachte an den Staatsanwalt Nagib, der mich im Bewusstsein, dass ich unschuldig war, für nun insgesamt fünf Jahre ins Gefängnis geschickt hatte. Sein Kalkül war für ihn aufgegangen. Er hatte tatsächlich Karriere gemacht.

Nach dem Militärputsch gegen Mursi hatte er als Staatsanwalt die Anklage gegen den ehemaligen ägyptischen

Staatspräsidenten geleitet. Er war oft an der Seite des Generalstaatsanwaltes zu sehen gewesen. Er war auch an seiner Seite gewesen, als Attentäter einen Bombenanschlag auf ihn verübten. Beide waren tot gewesen. Zumindest hatte ich von anderen Häftlingen gehört, dass Nagib der zweite Tote gewesen war, und ich hatte nichts dagegen, es zu glauben.

Ich legte mich auf meine über die Stahlplatte meines Bettes ausgebreitete Decke und dachte darüber nach, was kommen würde. Ich würde meine Tochter Melissa sehen. In den vergangen fünf Jahren hatte ich nur zweimal mit ihr gesprochen. Beim ersten Mal hatte ich sie zum ersten Mal sprechen gehört. Es war schlimm. Sehr schlimm. Meine Mutter war bei Melissa und deren Mutter in Tirol und sorgte dafür, dass das Gespräch zustande kam. Melissa sagte fast nichts. Meine Mutter erzählte mir, dass die Kleine hinterher in ihr Zimmer gegangen sei und lange geweint habe.

Beim zweiten Mal war es besser gelaufen. Es war ebenfalls nur ein kurzes Gespräch gewesen, vielleicht zwei Minuten lang, aber besser. Melissa hatte mir erzählt, dass sie jetzt in die Schule gehe, dass sie brav wäre, dass sie gerne hingehe, und dass sie dort viele Freunde habe. Das alles in ihrem breiten Tiroler Dialekt. Das war lustig. Wie würde es sein, wenn wir uns gegenüberstanden? Meine kleine Tochter und ich?

Ich hörte Sergej weinen. Ich wusste, dass es nicht der Trennungsschmerz war. Vielleicht ein bisschen, aber vor allem weinte er vor Glück. Denn Sergej hatte immer hart gespart, um auch so ein Luxus-Zellen-Einrichtung wie ich zu haben, bloß war er nie besonders gut im Sparen gewesen. Er hatte mich beneidet. Zu recht.

Neben einem Elektrokocher besaß ich inzwischen zum Beispiel einen Röstkochtopf, den Lisa bei einem Diskonter gekauft hatte. Er war in Aktion gewesen. 19,90 Euro statt

39,90. Sie war damals stolz gewesen. Ich besaß außerdem eine kleine Kühleinheit und eine dünne, einrollbare Gästematratze, die Lisa bei einem Möbeldiskonter gekauft hatte, um ebenfalls wohlfeile 14,99 Euro. Dazu kamen unter anderem Lärmschutzkopfhörer, mit denen ich auch bei der jetzigen Überfüllung des Gefängnisses einigermaßen ruhig schlafen konnte. Das alles hatte ich ihm geschenkt.

Bloß meine Spielkonsole hatte ich ihm nicht geschenkt. Die war ein Wertgegenstand in dem Gefängnis. Ich hatte sogar ein Mittel gegen die schwache Internetverbindung im Gefängnis gefunden. Ich baute mir für längere Gespräche eine Parabolantenne. Ich verwendete dafür einen Papierteller und ein Stück Alufolie. Die Folie strich ich so glatt wie möglich, um Interferenzen vorzubeugen. Dann erhitzte ich eine Zahnbürste in der Mitte, bog sie und steckte sie durch den Papierteller, den ich mit der Alufolie beschichtete. Am anderen Ende der Zahnbürste befestigte ich mein Modem. Es funktionierte. Der Empfang wurde besser. Ich hatte von einem Bulgaren ein Angebot über 450 Euro für das Gerät. Sobald seine Familie das Geld an Lisa überwiesen haben würde und ich draußen war, gehörte es ihm.

Ich dachte daran, dass ich mich daheim körperlich wieder sanieren musste. Das würde keine ganz leichte Aufgabe werden. Ich hatte dreißig Kilo verloren, zwischenzeitlich waren es sogar vierzig gewesen. Seit einer Weile half mir ein Freund aus Wiener Neustadt, an einigermaßen vernünftiges Essen zu kommen. Er betrieb einen Army Shop namens *Checkpoint Charlie* und schickte mir Tagesrationen, die Ernährungsexperten für die US-Armee entwickelt hatte, und die angeblich alle wichtigen Nährstoffe enthielten.

Ich bekam jeweils einen Karton mit 24 Menüs und die Wärter ließen sie durch, weil sie nicht genau wussten, was sie damit anfangen sollten. Eine Mahlzeit bestand dann etwa aus Spaghetti Marinara, Keksen, Trockenfrüchten, Nüssen, Kaffee und Pudding in lauter kleinen Säckchen.

Eine Tagesration kostete zwanzig Euro, doch mein Freund schickte mir die Pakete einfach so. Ich brauchte nicht einmal einen Kocher, um die Mahlzeiten zu erhitzen. Vermischt mit Wasser erhitzen sich die Speisen selbst.

Dennoch würde es eine Weile dauern, bis ich die jahrelange Mangelernährung wieder ausgeglichen haben würde. Besonders auf frisches Obst und Gemüse hatte ich zu oft und zu lange verzichten müssen.

Doch meine Mangelernährung war nicht mein einziges körperliches Problem. Einmal hatte ich in einer Brotflade auf einen Stein gebissen und mir einen Backenzahn zertrümmert. Seither hatte ich Zahnschmerzen, denn es gab keinen Zahnarzt, der mir helfen hätte können.

Ich hätte mir den Zahn reißen lassen können, aber das war mir in diesem Dreck zu riskant. Die Gefahr einer Infektion war zu groß. Da litt ich lieber Schmerzen, und es gelang mir sogar, mich mit ihnen zu arrangieren. Praktisch alle Häftlinge litten an Schmerzen, und nicht alle konnten sich damit arrangieren. Deshalb waren viele von ihnen tablettenabhängig oder nahmen Drogen.

Insgesamt drei Mal war ich an Lungenentzündung erkrankt, und ich hatte jede dieser Erkrankungen ohne Medikamente überstehen müssen. Denn Medikamente im Gefängnis bedurften einer Sondergenehmigung durch die Staatsanwaltschaft, die nicht so leicht zu kriegen war. Es war nicht so, dass ich einen Antrag stellen konnte und die Staatsanwaltschaft schickte die Genehmigung. Vielmehr passierte zuerst gar nichts. Jemand musste dort anrufen. Die Staatsanwaltschaft meinte dann, sie habe keinen

Antrag erhalten. Ich musste einen neuen stellen. Jedes Mal, wenn die Medikamente kamen, brauchte ich sie nicht mehr.

Seit der letzten Lungenentzündung litt ich auch unter etwas, das sich wie Herzprobleme anfühlte. Ich spürte in unregelmäßigen Abständen, etwa ein bis zwei Mal die Woche, einen brennenden Schmerz in der Brust. Diese Anfälle dauerten jeweils eine Stunde. Auch meine Arme schmerzten dabei. So sehr, dass ich sie nicht heben konnte. Eine Ferndiagnose war unmöglich. Jemand musste mein Herz abhören und ein Belastungs-EKG erstellen.

Auch meine Haut musste einmal richtig heilen. Das schmutzige und übel riechende Wasser und die Legionen von Insekten, die mich jahrelang unentwegt gebissen hatten, hatten ihre Spuren hinterlassen.

Ein Gedanke setzte sich in meinem Kopf fest. Ich konnte gar nicht mehr aufhören, ihn zu denken, so unglaublich erschien er mir. Der Gedanke an etwas, das ich tun würde, wenn ich aus diesem Gefängnis heraus, in Wien gelandet und mit Lisa heimgefahren war. Ich hätte auf einmal weinen können bei dem Gedanken daran. Ich würde ins Badezimmer gehen und eine Dusche nehmen.

Lisa

Wenn Hannes und ich jetzt miteinander telefonieren, sage ich oft: Jetzt kommst du wirklich heim. Und er sagt: Jetzt komme ich wirklich heim. Es ist so ein ähnliches Gefühl wie damals, als wir nach unserer Hochzeit nebeneinander im Bett lagen und sagten: Jetzt haben wir es wirklich getan. Wir konnten es damals vor Freude kaum glauben. Wir können es jetzt vor Freude kaum glauben.

Manchmal habe ich auch Angst vor dem Tag seiner Heimkehr. Fünf Jahre lang haben wir gekämpft und dieser Kampf hat uns verändert. Wie wird unser Alltag nach diesen fünf Jahren aussehen? Nach diesen fünf Jahren, die voller Angst, Spannung, Enttäuschung und Sorge waren? Wie wird es sich für uns anfühlen, wenn er in Sicherheit ist und wir uns entspannen können? Wenn ich mein Handy auch einfach abschalten kann, weil er ohnedies bei mir ist?

Es gibt zwei Dinge, die ich mir wünsche. Ich wünsche mir, dass nicht nur die Erinnerung an das Schwere bleibt, sondern auch jene an die kleinen Erfolge und die guten Momente dazwischen, denn immerhin waren es fünf Jahre unseres Lebens.

Ich wünsche mir, dass Hannes und ich die Dinge bewahren, die wir in den vergangenen fünf Jahren gelernt haben. Oft habe ich befürchtet, vor Verzweiflung den Verstand zu verlieren. Heute weiß ich, dass es keine Grenzen der Belastbarkeit gibt, sondern nur unterschiedliche Arten, mit Belastung umzugehen. Ich bin auch mutiger geworden. Ich habe gelernt, über meinen Schatten zu springen.

Ich weiß, dass auch Hannes viel gelernt hat, in diesen Jahren, in denen er körperlich und physisch ständig an seine Grenzen gekommen ist. Er lässt sich in diesem Leben bestimmt von nichts und niemandem mehr unterkriegen.

Danksagung

In Zeiten, in denen man nicht mehr weiß, ob der Irrsinn Realität oder ein Albtraum ist, fallen gewöhnliche Menschen durch ungewöhnliche Taten auf. Sie alle zu nennen, werde ich nicht schaffen, aber ich danke jedem einzelnen meiner Freunde, die zu mir gehalten haben.

Ganz besonders danke ich meiner Mutter. Du hast das Unmögliche möglich gemacht und mich die ganze Zeit über finanziell unterstützt. Du hast Wunder vollbracht, damit ich Lebensmittel, Medikamente und Anwälte bekomme. Ohne deine Hilfe würde ich diese Zeilen heute nicht mehr schreiben können.

Ich danke DI Gustav Jobstmann, von uns einfach GJ genannt. Du bist wie ein Engel in einer finsteren Zeit bei uns erschienen. Du hast mit deinen Taten, Kontakten und deinen schrägen (auf den ersten Blick manchmal unmöglichen) Ideen und deiner liebevollen und fürsorglichen, fast schon väterlichen Art nicht nur operativ geholfen, sondern warst für uns alle eine wertvolle emotionale Stütze. Dein Erscheinen hat die Wende in meinem Fall eingeläutet. Du hast uns nie um einen einzigen Gefallen gebeten und warst bis zum Schluss, selbst in deiner eigenen finstersten Zeit, an unserer Seite.

Ich danke Dr. Astrid Wagner, die ihrem Ruf als Staranwältin mehr als gerecht geworden ist. Astrid, du hast nicht nur äußerst professionell und effektiv gearbeitet, sondern mich und Lisa getröstet, beruhigt und aufgefangen. Du hast uns Hoffnung und Zuversicht gegeben, ohne uns je falsche Versprechungen zu machen. Du hast das für uns zu diesem Zeitpunkt Unmögliche geschafft und das Außenministerium dazu gebracht, mit uns an einem Strang zu ziehen.

Ich danke Fritz Schimke und Veronika Gahleitner von der Medienagentur *ABCPIX*. Ihr habt meiner Frau zugehört. Ihr habt eure Kontakte spielen lassen und meinen Fall wieder so richtig und auf die richtige Weise in die Medien gebracht. Ihr habt den Kontakt zu Dr. Astrid Wagner hergestellt und damit den entscheidenden Schritt gesetzt, der am Ende zu meiner Freilassung geführt hat.

Ich danke Dr. Georg Stillfried, dem österreichischen Botschafter in Kairo. Ihre unermüdlichen Verhandlungen mit den ägyptischen Behörden, Ihre Hartnäckigkeit und vor allem Ihre Beherrschung der ägyptischen Spielregeln haben maßgeblich zu meiner Heimkehr beigetragen.

Ich danke Michael Kietreiber vom *Checkpoint Charlie* in Wiener Neustadt. Wer solche Freunde hat, muss vor nichts Angst haben! Selbstlos, bescheiden, wortkarg. Ein Herz aus Gold und die wertvolle Gabe, sich in die Lage anderer versetzen zu können. Die Militärrationen, mit denen du mich versorgt hast, haben mich in der Zeit meiner Herzprobleme körperlich wieder aufgebaut. Der Gehörschutz, durch den ich ohne Lärm ein paar Stunden schlafen konnte (wer denkt an so etwas!), die Wasserentkeimungstabletten und vieles mehr haben mir das Leben hier einfacher gemacht.

Ich danke Martina Prewein von der *Kronenzeitung* und dem Team der *edition a*. Ihr habt mir auf den letzten Metern mehr als nur geholfen. Ihr habt mir gezeigt, was auf mich wartet, wenn ich wieder daheim bin. Ihr seid nicht nur »Helfer in der Not«, ich zähle euch zu meinen Freunden.

Zu guter Letzt danke ich meiner Ehefrau Lisa. Auch wenn wir uns in dieser Zeit sehr weit voneinander entfernt hatten, sind wir am Ende einander näher als je zuvor. Ich kann mir nicht ansatzweise vorstellen, wie verzweifelt und schmerzerfüllt du gewesen bist, und ich bewundere deine Steh-auf-Qualitäten. Ohne dich, Lisa, hätte ich diese Zeit weder psychisch noch physisch überlebt. Ich bin stolz, dich an meiner Seite zu haben. Ich liebe dich!

Lisas Danksagung

Auch ich möchte einigen Menschen meinen Dank aussprechen. Jeder einzelne der oben Genannten hat natürlich auch für mich eine wichtige Rolle während dieser fünf Jahre gespielt. Es gibt aber auch noch ein paar Menschen, die mich in meinem Schmerz, in meiner Angst, aber auch in meiner Lebensfreude und Tatkraft begleitet haben, und ihnen möchte ich hier Danke sagen.

Gerlinde, Hans, Fabian und Allegra. Es fällt mir schwer, unsere Verbundenheit in Worte zu fassen. Ihr seid für mich der Inbegriff von Freundschaft. Danke, dass ihr Teil meines Lebens seid.

Martina Prewein. Obwohl Hannes sich schon bei dir bedankt hat, möchte ich das auch noch einmal tun. Du hast eine so liebe, offene und unkomplizierte Art, mit der du mich verzaubert hast. Du hast am Ende von Hannes' Geschichte nicht nur eine wichtige Rolle eingenommen, ich habe dich auch privat ins Herz geschlossen. Es gibt wenige Menschen, mit denen ich so viel und so herzhaft lachen kann wie mit dir.

Matthias Geist. Du hast mich auf meinem Weg zurück zu mir selbst begleitet und tatkräftig unterstützt.

Mein Ehemann Hannes. Die Worte dieser Welt würden nicht ausreichen, um zu beschreiben, was ich für dich empfinde. Du feierst mit mir meine größten Erfolge und stehst hinter mir, wenn sich die tiefsten Abgründe meines Daseins auftun. Du siehst mich so wie ich bin, mit allen Facetten, Sonnen- und Schattenseiten. Du hast mir gezeigt, dass wahre Liebe das Unmögliche schaffen kann. Ich liebe dich!